Abhandlungen des kriminalistischen Instituts
an der Universität Berlin.
Herausgegeben von
Dr. Franz von Liszt, und Dr. Ernst Delaquis,
Professor der Rechte in Berlin Professor der Rechte in Frankfurt a. M.
Dritte Folge. Zweiter Band. 2. Heft.

Entwicklung und Vollzug der Freiheitsstrafe in Brandenburg-Preußen bis zum Ausgang des 18. Jahrhunderts.

Ein Beitrag zur Geschichte der Freiheitsstrafe

von

Dr. jur. Eberhard Schmidt.

Berlin 1915.
J. Guttentag, Verlagsbuchhandlung,
G. m. b. H.

dat donat dedicat

hunc librum

Patri Caro Benigno

Berolini MDCCCCXV. filius gratias agens

Inhaltsverzeichnis.

Quellen- und Literaturverzeichnis.

A. Quellen.

1. Acta Borussica, Die Behördenorganisation und die allgemeine Staatsverwaltung Preußens im 18. Jahrhundert.
2. Codicis Austriaci ordine alphabetico compilati pars secunda. 1704.
3. Landrecht, Churfürstliches Brandenburgisches Revidiertes Land-Recht des Herzogthumbs Preußen. 1685.
4. Landrecht, Friedrich Wilhelms, Königes in Preußen, Verbessertes Land-Recht des Königreichs Preußen. 1721.
5. Mylius: Corpus Constitutionum Marchicarum.
6. Mylius: Corpus Constitutionum Magdeburgicarum Novissimarum.
7. Mylius: Novum Corpus Constitutionum Prussico-Brandenburgensium praecipue Marchicarum.
8. Rabe: Sammlung preußischer Gesetze und Verordnungen. Band X.
9. Königl. Geheimes Staatsarchiv zu Berlin:
   R 49 A 1, Generalia in Criminalia 1618—1786. R 9 C 6 c 1, 1686—1784.
10. Städtisches Archiv der Stadt Magdeburg:
   I Z 33 $^{1-9}$ und I Z 33 ^{70}.

B. Literatur.

1. v. Arnim: Bruchstücke über Verbrechen und Strafen. Frankfurt und Leipzig 1803.
2. v. Bar: Handbuch des deutschen Strafrechts. Bd. I. Berlin 1882.
3. Berner, A. F.: Lehrbuch des deutschen Strafrechts. 17. Aufl. 1895.
4. Conrad: Grundriß zum Studium der politischen Ökonomie. 2. Teil. 4. Aufl. Jena 1904.
5. Don Manuel de Ladrizábal y Urige: Discurso sobre las penas. Madrid 1782.
6. Engelhard: Versuch eines allgemeinen peinlichen Rechtes. Frankfurt und Leipzig 1756.
7. Freudenthal: Gefängnisrecht und Recht der Fürsorgeerziehung. In: Enzyklopädie der Rechtswissenschaft von Holtzendorff-Kohler. 7. Aufl. Bd. V. 1914.

8. Hegler: Die praktische Tätigkeit der Juristenfakultäten des 17. und 18. Jahrhunderts. Freiburg i. Br. 1899.
9. v. Hippel: Beiträge zur Geschichte der Freiheitsstrafe. Zeitschrift für die gesamte Strafrechtswissenschaft Bd. XVIII.
10. v. Hippel: Die korrektionelle Nachhaft. Freiburg i. Br. 1889.
11. v. Hippel: Die strafrechtliche Bekämpfung von Bettel, Landstreicherei und Arbeitsscheu. Berlin 1895.
12. v. Holtzendorff: Die rechtlichen Prinzipien des Strafvollzuges. In: Handbuch des Gefängniswesens von v. Holtzendorff und v. Jagemann. Bd. I. 1888.
13. Kade: Umschwung in Strafe und Strafvollzug im 18. Jahrhundert. Berlin 1908.
14. Kriegsmann: Einführung in die Gefängniskunde. Heidelberg 1912.
15. Krohne: Lehrbuch der Gefängniskunde unter Berücksichtigung der Kriminalstatistik und Kriminalpolitik. Stuttgart 1889.
16. Krohne: in Handwörterbuch der Staatswissenschaften, hrsg. von Conrad, Elster, Lexis und Loening. Bd. IV. Artikel »Gefängnisarbeit«. 1909.
17. Leser: in Handwörterbuch der Staatswissenschaften, hrsg. von Conrad. Elster, Lexis, Loening. Bd. VI. Artikel »Merkantilsystem«. 3. Aufl 1910.
18. v. Liszt: Lehrbuch des deutschen Strafrechts. 20. Aufl. 1914.
19. Meyer-Allfeld: Lehrbuch des deutschen Strafrechts. 7. Aufl. 1912.
20. Pollitz: Strafe und Verbrechen. Geschichte und Organisation des Gefängniswesens. Leipzig 1910.
21. Quistorp: Grundsätze des Deutschen Peinlichen Rechts. 4. Aufl. 1789.
22. [v. Reder]: Das peinliche Recht nach den neuesten Grundsätzen. 1. Teil 1783.
23. [Riegger]: Vom Geiste der Kriminalgesetze. Hamburg 1777.
24. Röder: Besserungsstrafe und Besserungsstrafanstalten als Rechtsforderung. 1864.
25. Rosenfeld: Zur Geschichte der ältesten Zuchthäuser. Zeitschrift für die gesamte Strafrechtswissenschaft. XXVI. 1906.
26. Rosenfeld: Die staatliche Fürsorge für die entlassenen Strafgefangenen in Preußen. Zeitschrift für die gesamte Strafrechtswissenschaft XXV.
27. Rosenfeld: Die Geschichte des Berliner Vereins zur Besserung der Strafgefangenen. 1901.
28. Rumpelt: Artikel »Arbeitshaus« in Handwörterbuch der Staatswissenschaften, hrsg. von Conrad, Elster, Lexis, Loening. Bd. I. 1909.
29. Schmidt, Eberhard: Die Kriminalpolitik Preußens unter Friedrich Wilhelm I. und Friedrich II. Abhandlungen des kriminalistischen Instituts an der Universität Berlin. 3. Folge; 1. Bd.; 2. Heft. 1914.
30. Schmidt, Richard: Die Aufgaben der Strafrechtspflege. 1895.
31. Schmoller: Grundriß der allgemeinen Volkswirtschaftslehre. 1.—6. Aufl. Bd. II. 1904.

32. Sichart: Polizeiliche Verwahrungsanstalten und Arbeitshäuser. Hdb. des Gefängnisw. von v. Holtzendorff u. v. Jagemann.

33. Streng: Studien über Entwickelung, Ergebnisse und Gestaltung des Vollzugs der Freiheitsstrafe in Deutschland. Stuttgart 1886.

34. Wächter, Carl Eberhard: Über Zuchthäuser und Zuchthausstrafen. Stuttgart 1786.

35. Wagnitz: Historische Nachrichten und Bemerkungen über die merkwürdigsten Zuchthäuser in Deutschland. Halle 1791/92.

36. Wahlberg: Die Gesamtentwicklung des Gefängniswesens und der Haftsysteme von der Mitte des 16. Jahrhunderts bis zur Gegenwart. Handbuch des Gefängniswesens von v. Holtzendorff u. v. Jagemann. Bd. I. 1888.

37. Zedler: Grosses vollständiges Universal-Lexicon Aller Wissenschaften und Künste, Welche bishero durch menschlichen Verstand und Witz erfunden und verbessert worden. Bd. 10. 1735. Bd. 63. 1750.

Gelegentlich herangezogene Literatur wird in den Anmerkungen mit vollem Titel angegeben.

Einleitung.

Begrenzung der Aufgabe.

Die Aufgabe, die der vorliegenden Abhandlung zugrunde liegt, ist sehr bescheiden.

Es soll der Versuch gemacht werden, auf Grund eines aus archivalischen und sonstigen Quellen gewonnenen Materials zu einigen Problemen Stellung zu nehmen, die die historischen Grundlagen unserer modernen Freiheitsstrafe und ihre Entwicklung in den Anfangsstadien zum Gegenstande haben.

Kriegsmann hat in seiner „Einführung in die Gefängniskunde" in verdienstvoller Weise zur Erforschung dieser Fragen neue Bahnen gewiesen. Seine dabei gewonnenen Ergebnisse bezeichnet er aber selbst nicht als endgültige, vielmehr stellt er die Forderung auf [1]), daß durch weitere Untersuchungen, insbesondere über die Verhältnisse in den deutschen Einzelstaaten, zur sicheren Beantwortung der Fragen beigetragen werde, die er in der historischen Einleitung seines Werkes angeschnitten hat.

Die vorliegende Darstellung beschränkt sich daher, soweit es sich um die Entwicklung rein tatsächlicher Verhältnisse handelt, auf die Zustände in Brandenburg-Preußen. Die Entwicklung der Freiheitsstrafe zur Zentralstrafe in diesem Staate, die Differenzierung derselben in verschiedene Arten, deren Verhältnis in der Strafrechtspflege zu einander und der Zustand der für die einzelnen Arten vorhandenen „Anstalten" sollen in erster Linie untersucht werden. Die Ergebnisse, die wir hierbei gewinnen, werden wir dann dazu benutzen, um zu den von Kriegsmann angeregten Fragen Stellung zu nehmen und in der Erkenntnis der in den einzelnen Arten der Freiheitsstrafe enthaltenen entwicklungsgeschichtlichen Elemente die historischen Grundlagen der modernen Gefängnisstrafe zu bestimmen.

---

[1]) Kriegsmann S. 7 Anm. 2.

1. Abschnitt.

Die Entwicklung der Freiheitsstrafe zur Zentralstrafe des preußischen Strafensystems.

I. Die Geschichte der Freiheitsstrafe stellt sich bei näherer Betrachtung nicht allein als ein besonderes Kapitel der Geschichte des Strafrechts, sondern vor allem auch als ein Stück Kulturgeschichte überhaupt dar. Wir beobachten nämlich, daß in erster Reihe nicht strafrechtliche oder kriminalpolitische Gründe dazu geführt haben, zu den aus dem Mittelalter überkommenen Todes- und Leibesstrafen eine neue Kategorie, nämlich die Freiheitsstrafen, hinzuzunehmen, sondern daß dies veranlaßt worden ist durch ein Gemisch von charitativen, polizeilichen und wirtschaftspolitischen Ideen, zu denen sich erst ein halbes Jahrhundert später unter dem Einfluß der Aufklärungsphilosophie kriminalpolitisch-philosophische Überlegungen gesellten [1]).

Die Entwicklung der Freiheitsstrafe beginnt in Brandenburg-Preußen um 1680 [2]), also reichlich zwei Menschenalter, bevor unter Friedrich dem Großen die Sturm- und Drangperiode des Strafrechts für Preußen heraufgeführt worden ist. Es entsteht mithin an erster Stelle die Frage: Welche Bestrebungen und Ideen haben in Brandenburg-Preußen zur Anwendung von Freiheitsstrafen die erste Veranlassung gegeben?

Wir werden die Antwort auf diese Frage finden, wenn wir uns der allgemeinen inneren Lage Deutschlands in der zweiten Hälfte des 17. Jahrhunderts erinnern.

1. Die zahlreichen inneren und äußeren Kriege seit dem Ausgange des Mittelalters und der Mangel einer geordneten Wirt-

---

[1]) Seit Hugo Grotius wird allerdings bei zahlreichen Schriftstellern (Hobbes, Locke, Spinoza, S. v. Pufendorf, Thomasius, Leibniz) auf utilitaristische Strafzwecke hingewiesen, aber fast ausschließlich auf die Abschreckung. Greifbarer Einfluß auf die Praxis, gerade soweit es sich um die Einführung der Freiheitsstrafe handelt, läßt sich nicht nachweisen. Vgl. Günther, Die Idee der Wiedervergeltung. Erlangen 1891, Bd. II, S. 102 ff., bes. S. 160.

[2]) Brandenburg-Preußen hat die Freiheitsstrafe im Vergleich zu anderen Staaten sehr spät erhalten. Die Entwicklung setzte in anderen, insbesondere außerdeutschen Staaten viel früher ein. Vgl. Richard Schmidt S. 237.

schaftspolitik in den deutschen Einzelstaaten hatten die Verarmung zahlreicher Bevölkerungskreise zur Folge gehabt und außerdem eine große Menge arbeitsscheuer, unseßhafter Elemente, die aus ehemaligen Söldlingen, Soldatenkindern und Troßleuten hervorgingen, ins Land geworfen [1]. Die Besitz- und Arbeitslosen gefährdeten als Vaganten und Landstreicher, ja auch als Diebe und Mordbrenner die Sicherheit des einzelnen und des Staates, und es war nicht möglich, dieser Plage mit den aus dem Mittelalter überkommenen Strafen auch nur annähernd gerecht zu werden. Mit Todesstrafen in mannigfachster Form und mit Landesverweisungen wurde zwar schonungslos gegen überführte und verdächtige Individuen dieser Art vorgegangen, aber eine sichtbare Abhilfe wurde damit nicht geschaffen; ganz besonders erwies sich die Landesverweisung als eine unzulängliche Maßregel, da sie lediglich zu einem Austausch der gefährlichen Elemente unter den Einzelstaaten, nicht aber zu einer Beseitigung oder auch nur Einschränkung dieser Landplage führte. Daß sich aus den Scharen der Landstreicher und Vagabunden in erster Linie das Verbrechertum überhaupt ergänzte, war naturgemäß eine bald erkannte Tatsache.

Eine verständige, wohl überlegte Abhilfe wurde zum ersten Male in Holland um 1600 durch die Begründung der berühmten Amsterdamer Zuchthäuser versucht, und als sich diese Maßregel aufs beste bewährte, folgten insbesondere die Hansestädte mit der Anlegung ähnlicher Häuser [2]. Um dieselbe Zeit finden wir aber noch eine andere Maßregel vielfach angewendet, nämlich die, die gefährlichen Elemente der geschilderten Art anstatt zu Staupenschlag und Landesverweisung zu öffentlicher Zwangsarbeit zu verurteilen. Dies geschah in süddeutschen Staaten, z. B. in Württemberg, in großem Umfange [3], kam aber auch anderswo nicht selten vor. Mit den Zuchthäusern der Küsten-

[1]) Auf die Schattenseiten der damaligen Militärverhältnisse weist besonders Köhne, Kulturparlament Heft 3/4 S. 1/2 hin. S. auch Richard Schmidt S. 227/228 Kriegsmann S. 2, v. Hippel in Ztschr. 18 S. 649, Krohne, Lehrbuch S. 18.

[2]) v. Hippel, Ztschr. 18 S. 649/50.

[3]) v. Hippel, Ztschr. 18 S. 429, 434; Kriegsmann S. 3.

1*

staaten hatte diese Maßregel indessen nicht das geringste zu tun; sie stand auf einer ganz anderen entwicklungsgeschichtlichen Stufe und entbehrte insbesondere das dem alten Zuchthause innewohnende polizeilich-charitative Element. Denn in Holland wurde bei der Anlegung der Zuchthäuser zwar auch bereits eine Abneigung gegen die Grausamkeit des bisherigen Strafensystems deutlich an den Tag gelegt; vor allem aber stand die Begründung der dortigen Zucht- und Werkhäuser nicht mit der Strafrechtspflege als solcher, sondern mit der Armenpflege in nächster Verbindung [1]). Dadurch erhielt die Bewegung ihr eigentümliches charitatives Gepräge. Wie die Hospitäler und sonstigen milden Stiftungen arbeitsunfähigen Armen Unterkunft und bessere Lebensbedingungen gewähren sollten, so suchte man in den Zuchthäusern den arbeitsfähigen Teil der Armen, die durch Arbeitsscheu und Müßiggang in Not geraten waren, durch Anhalten zur Arbeit wieder zu brauchbaren Mitgliedern des Gemeinwesens zu machen.

Im Laufe des 17. Jahrhunderts wurden die holländischen Einrichtungen vielfach nachgeahmt, besonders in den hanseatischen Küstenstaaten.

Brandenburg entschloß sich zu ähnlichen polizeilich-charitativen Maßregeln erst, nachdem der Dreißigjährige Krieg vorübergegangen war und ruhigere innere und äußere Verhältnisse ihren Einzug gehalten hatten. Der Plan zu Maßnahmen nach holländischem Muster war allerdings schon einmal um 1600 aufgeworfen worden [2]); es soll die Absicht bestanden haben, zu Berlin in der Klosterstraße ein Zuchthaus zur Aufnahme von Bettlern und Landstreichern zu errichten;

„als aber Se. Churf. Durchlaucht unverhofften Todes ver-
„blichen, ist es unterblieben“.

---

[1]) Diesen Zusammenhang hat vor allem v. Hippel scharf und klar erkannt und in seiner grundlegenden Arbeit, Ztschr. 18, entwickelt; vgl. dort S. 649 ff. Vgl. auch Krohne S. 18 (Lehrbuch); meine Abhandlung S. 48. Daß ähnliche Gedanken damals immer wiederkehrten, zeigt ein Vergleich zwischen Holland, England, Deutschland und Österreich. Vgl. für England v. Hippel S. 423 ff. Interessant Cod. Austr. II sub voce »Zuchthaus«.

[2]) v. Hippel, Ztschr. 18 S. 436/7.

Zur wirklichen Durchführung solcher Pläne ist es dann erst gegen Ende des 17. Jahrhunderts gekommen, und zwar um dieselbe Zeit, zu der in Brandenburg unter dem Großen Kurfürsten die ersten Schritte zu einer organisierten Armenpflege unternommen wurden[1]). Eins der ersten brandenburgischen Zuchthäuser ist das Magdeburger Zuchthaus gewesen, dessen Gründung im Jahre 1683 angeregt wurde[2]). Deutlich kommen in dem darauf abzielenden Bericht die charitativen Tendenzen zum Ausdruck, von denen oben gesprochen ist. Unter anderem heißt es dort, es solle in dem 1631 zerstörten Augustinerkloster ein „Waysen-Zucht- und Armenhaus" eingerichtet werden,

> „darinne arme Vater- und Mutter-lose Waysen, biß daß dieselbe, was die Knaben betrifft, entweder zum Studieren gehalten, oder zu ehrlichen Handthierungen und Handwercken, die Mädchen aber ehrlichen Leuten zu dienen oder sonst ihren ehrlichen Unterhalt zu haben, können gebracht werden, zu erziehen, böses und Herren-loses Gesindel, so sich des Bettelns und Muthwillens bey dieser Stadt befliessen, und dabei in aller Gottlosigkeit gelebet, zur Gottesfurcht, Zucht und Arbeit anzuhalten, und Arme und Unvermögende, die Alters oder anderer Leibes-Schwachheit halber ihr Brodt entweder gar nicht oder doch nicht völlig mehr verdienen können, des Gottesdienstes durch andächtiges Gebet abzuwarten, zu verpflegen und zu versorgen. Und durch dieses Mittel das Betteln auff denen Gassen gäntzlich zu verwehren und einzustellen" [3]).

Die Folge eines derartigen Zusammenhanges von Zuchthausgründungen mit der Armenpflege machte sich vielfach und auch noch in späterer Zeit bemerkbar. Manche preußischen Zuchthäuser standen nicht nur in einem räumlichen Konnex mit Hospi-

---

[1]) Dies geschah 1684. Vgl. Conrad, Grundriß S. 545.

[2]) I Z 33 [1].

[3]) I Z 33 [1]: 7. VIII. 1683. Die ersten Waisen wurden bald nach 1681 interimistisch aufgenommen. Dies wäre sogar schon eher geschehen, wenn nicht damals eine „leidige Contagion" geherrscht hätte und deshalb das Kloster als Lazarett benutzt worden wäre.

tälern und sonstigen milden Stiftungen, sondern waren mitunter sogar pekuniär von diesen abhängig. Das Zuchthaus zu Frankfurt a. O. [1]) wurde aus den Mitteln des Hospitals St. Jacob gebaut und bezog auch späterhin von dort noch Zuschüsse, wenn der Notfall es erforderte; das Hospital aber erhielt dafür sämtliche Revenüen des Zuchthauses. In Berlin gab es bis 1742 überhaupt kein Zuchthaus; man half sich so lange damit, daß man im Großen Friedrichs-Hospital eine besondere Stube für Bettler, Arme, Dirnen usw. einrichtete und diese hier mit Spinnen beschäftigte [2]). Ein unmittelbarer Zusammenhang zwischen Armenpflege und Zuchthauswesen bestand endlich auch in Küstrin [3]), in Königsberg bezüglich des dortigen Arbeitshauses [4]) und in Berlin auch noch nach der Gründung eines selbständigen Zuchthauses [5]).

2. Das Einsetzen der Armenpflege gerade gegen Ende des 17. Jahrhunderts hat seinen Grund nicht nur in dem humanen Verlangen wohltätig gesinnter Kreise, den verarmten und elenden Mitmenschen zu helfen, sondern ist durch ein größtenteils wirtschaftspolitisches Interesse des Staates hervorgerufen worden.

Im Jahre 1680 war der Zusammenschluß der mittleren Gebiete des Kurfürstentums Brandenburg zu einem festen, wirtschaftlich und staatlich selbständigen Kern fürs erste beendet [6]). Die Politik der Hohenzollern richtete sich seitdem auf die wirtschaftliche Stärkung gerade dieser Landesteile, und zwar, wie dies nicht anders erwartet werden kann, ganz im Sinne der damals auch in anderen Ländern herrschenden wirtschaftspolitischen Ideen, d. h. im Sinne des Merkantilsystems. Der Merkantilismus und die in ihm enthaltene bekannte Handelsbilanzlehre dürften, soweit Brandenburg-Preußen in Frage steht, gerade damals fast die höchste Blüte erreicht haben. Wir erkennen überall ihre Spuren, vor allem aber in dem steten Bemühen, ausländi-

[1]) R 49 A 1 G. i. C 1737—44.
[2]) Mylius CC I II Sp. 136 ff.
[3]) R 49 A 1 G. i. C 1737—44.
[4]) Mylius NCC II Sp. 15 ff.
[5]) Rosenfeld, Geschichte des Ver. S. 34.
[6]) Schmoller S. 594. Vgl. dazu Leser a. a. O.

sche Industrieerzeugnisse vom eigenen Wirtschaftsmarkt fernzuhalten, die eigenen Waren dagegen möglichst reichlich zu exportieren, um so einen Überschuß der Ausfuhr über die Einfuhr und damit Geld und Reichtum zu erlangen [1]). Um dies Ziel aber erreichen zu können, war es nötig, die Manufakturen des Landes möglichst zu fördern und alle im Lande verfügbaren Arbeitskräfte im Dienste dieses Zieles auszunutzen. Daher lag der Gedanke nicht fern, die dem Müßiggange verfallenen Bettler und Landstreicher zu gemeinnützigen Arbeiten im Lande zu verwenden, indem man für ihre geeignete Unterbringung sorgte, sie vor dem wirtschaftlichen und moralischen Untergange bewahrte und ihnen die Möglichkeit gab, durch Arbeit für den Staat der Allgemeinheit zu nützen. Andererseits empfand man nunmehr auch das Unökonomische der Todesstrafen und der Landesverweisung, die den Staat unzähliger Arbeitskräfte beraubten [2]). Beide Gesichtspunkte zusammen führten dazu, die Bettler und sonstigen Arbeitsscheuen teils durch rein polizeiliche Maßregeln, teils durch einen richterlichen Spruch auf Festungen oder in Zuchthäuser zu bringen und zur Arbeit anzuhalten. Freilich darf man nicht glauben, daß hiermit nun sofort systematisch vorgegangen worden ist; es handelt sich dabei in erster Zeit stets um allerdings sich häufende Einzelmaßnahmen, wie die von mir benutzten Archivalien deutlich zeigen; erst unter Friedrich Wilhelm I. setzte die systematische Unterbringung einheimischer Bettler in den Zuchthäusern und auf den Festungen ein, ein Verfahren, das unter Friedrich II. dann weiter fortgesetzt worden ist [3]).

Unter dem Einfluß der geschilderten Ideen wurden ferner Todesstrafen im Wege der Begnadigung in Zuchthaus- oder Festungsstrafen verwandelt, vor allem aber wuchs immer mehr

---

[1]) Schmoller S. 604. Leser a. a. O.

[2]) Krohne in Hdwb. d. St. S. 532. Hegler betont (S. 87 ff.), daß man im Hinblick auf die Reduzierung der Volkszahl durch den Dreißigjährigen Krieg nach Möglichkeit Menschenleben schonen wollte und daher immer größere Abneigung auch gegen die Landesverweisung empfand. Vgl. auch C. E. Wächter S. 36. Anhang Nr. 10.

[3]) Vgl. meine Abhandlung S. 67 ff.

die Abneigung gegen die Landesverweisung [1]). Mag bei den Begnadigungen immerhin ein gewisses menschliches Gefühl mitgesprochen haben, deutlich kommen dabei auch die rein praktischen, wirtschaftspolitischen Gesichtspunkte zur Geltung und das Bestreben, die Arbeitskräfte des Begnadigten zu produktiver Arbeit auszunutzen [2]). In den Festungen konnte dies allerdings nur in der Weise geschehen, daß der Gefangene schwere, für die Landesverteidigung wichtige Arbeiten ausführte; die Festungsstrafe kam daher nicht eigentlich den speziell merkantilistischen Ideen, sondern mehr der im allgemeinen sich zeigenden Abneigung gegen die unwirtschaftliche Vergeudung von Menschenleben entgegen. Natürlich liegt auch hierin ein wirtschaftspolitischer Gedanke. Die merkantilistischen Ideen fanden ihre besondere Förderung dagegen in den Zuchthäusern nach holländischem Muster. Hier war die systematische Förderung bestimmter Manufakturen bei der mannigfachen Beschäftigungsmöglichkeit [3]) der Gefangenen weit eher möglich. Die Anlegung von Zuchthäusern erschien daher auch aus diesem Grunde sehr erwünscht. Bezeichnend ist hierfür die Vorgeschichte des Spandauer Zuchthauses.

Im Jahre 1686 [4]) wurde dem Kurfürsten von Brandenburg mitgeteilt, daß Händler aus den Nachbarstaaten die in Brandenburg gewonnene, feine und gute Rohwolle aufkauften und mit den daraus hergestellten Waren den brandenburgischen Markt beherrschten, auch die aus brandenburgischer Rohwolle fabrizierten Produkte in Polen und Schlesien massenhaft absetzten. Dies widersprach selbstverständlich allen damals geltenden merkantilistischen Grundsätzen. Es zeigte sich also die Notwendigkeit, die Ausfuhr der Rohwolle zu verhindern und vor allem für eine ausgiebige Verarbeitungsmöglichkeit im Inlande zu sorgen. Die Gründung des Spandauer Zuchthauses war eine der Maß-

---

[1]) Schon unter Friedrich Wilhelm I. Vgl. meine Abhandlung S. 45. 1743 erfolgte ihre endgültige Abschaffung.

[2]) In den Akten des Magdeburger Archivs bieten Annahmebefehle viele Beispiele dafür.

[3]) Siehe unten S. 43 ff.

[4]) R 9 C 6 c 1: 1686.

regeln, die zur Beseitigung der gerügten Mißstände ergriffen wurden. Sie erfolgte, wie es in dem Edikt von 1687 [1]) heißt,

„zur beförderung der Wollen- und Seyden-Manufacturen auch zugleich zur Verbeßerung der bishero ermangelnden Spinnerey in unsern Churlanden".

Ganz ähnliches besagt das für Magdeburg ergangene Edikt vom 2. Juni 1687 [2]).

Welche Bedeutung die Förderung der Manufakturen durch die Zuchthäuser bis weit in das 18. Jahrhundert gehabt hat, zeigt ein sehr bezeichnender Bericht der Küstriner Regierung aus dem Jahre 1738, der über den allgemeinen Erfolg des dortigen Zuchthauses Zeugnis ablegen sollte; in ihm wird kein einziges Wort über die Besserung der Insassen verloren, wohl aber wird betont, daß das Zuchthaus

„bisher mit gutem Succeß der darin angelegten Manufacturen unterhalten worden" [3]).

Die Einflüsse dieser merkantilistischen und wirtschaftspolitischen Ideen auf die Einrichtung der Strafanstalten überhaupt und den Arbeitsbetrieb sind hier noch nicht zu entwickeln; hier war nur zu zeigen, wie die Wirtschaftspolitik in Brandenburg-Preußen genau wie ein Jahrhundert früher in Holland der Freiheitsstrafe den Boden geebnet und deren Nützlichkeit vom nationalökonomischen Standpunkt aus dargetan hat. Daraus erklärt es sich, daß, wie oben schon erwähnt, noch ehe die Aufklärungsphilosophie die Gemüter ergriff und die unglaublichen Schäden der Strafrechtspflege aufdeckte, die Freiheitsstrafe bereits eine, wenn auch geringe, Rolle spielte.

3. Zu den wirtschaftspolitischen Ideen, die auch im 18. Jahrhundert ihre volle Geltung behielten [4]), gesellten sich, insbesondere seit der Thronbesteigung Friedrichs des Großen, die weittragenden Wirkungen der Aufklärungsphilosophie, die, soweit es

---

[1]) Vollzogen am 11. VI. 1687, „ist aber erst im Ianuario anno 1688 publiciret worden" und trägt das Datum vom 15. XII. 1687. R 9 C 6 c 1. Vgl. Anhang Nr. 1.

[2]) Mylius, CC Magd. Nov. Pars III, S. 371 ff.

[3]) R 49 A 1 G. i. C. 1737—44.

[4]) Ich habe dies in meiner Abhandlung über die Kriminalpolitik Preußens nicht genügend hervorgehoben. Bei der Kritisierung meiner Abhandlung in der

sich um utilitaristische Gedanken, insbesondere den Abschrekkungszweck, handelte, durch die im 17. Jahrhundert allmählich sich mehrenden Erörterungen über die Grundlagen des staatlichen Strafrechts in gewissem Sinne vorbereitet worden waren. Hierdurch wurde nun der Kampf für die Freiheitsstrafe auf das kriminalpolitische Gebiet übertragen und das Vordringen der Freiheitsstrafe durch neue strafrechtliche Grundsätze in hervorragendem Maße gefördert. Dies geschah freilich nicht dadurch, daß systematisch für die Freiheitsstrafe propagiert, sondern dadurch, daß das aus dem Mittelalter überkommene Strafensystem bekämpft wurde. Vor allem trugen nun die utilitaristischen Ideen den Sieg über den Vergeltungsgedanken davon. Die Spezialprävention wurde in ihrer Bedeutung erkannt, und dies äußerte sich naturgemäß darin, daß die Freiheitsstrafe, die ja mit der Spezialprävention in kriminalpolitischer Hinsicht steht und fällt, zur Zentralstrafe erhoben wurde. Im Jahre 1794 ist dieser Prozeß mit dem Erlaß des Allgemeinen Landrechts abgeschlossen [1]).

II. Den inneren historischen Gründen, die für die allmähliche Anerkennung der Freiheitsstrafe maßgebend waren, wurde weniger durch die Gesetzgebung, als vor allem durch praktische Maßnahmen, insbesondere seitens der königlichen Kabinettsjustiz, Rechnung getragen.

1. Bevor indessen hierauf im einzelnen eingegangen werden kann, ist es notwendig, die einzelnen Arten der Freiheitsstrafe festzustellen, damit bei den späteren Erörterungen nicht mit unbekannten Begriffen gearbeitet wird. Vereinzelt ist auf die verschiedenen Arten bereits hingewiesen worden; im Zusammenhang ist darüber folgendes zu sagen:

Schweizerischen Ztschr. f. Strafrecht, 27. Jahrg., 2. Heft 1914, setzt v. Hentig an erste Stelle die kriminalpolitischen Erwägungen und meint, daß diese dann im 18. Jahrhundert unter Friedrich II. von einem „neuen Ideenzug", nämlich von wirtschaftspolitischen Erwägungen, durchsetzt seien. M. E. geschah die Entwicklung umgekehrt, natürlich hatten die kriminalpolitischen Erwägungen den Hauptanteil an der Erhebung der Freiheitsstrafe zur Zentralstrafe, ganz besonders im Verein mit den schon vordem vorhandenen wirtschaftlichen Ideen.

[1]) Auf die Einzelheiten dieser Entwicklung will ich hier nicht eingehen. Ich habe dies ausführlich in meiner Abhandlung erörtert.

Als älteste Arten der Freiheitsstrafen lassen sich nachweisen die „Festungsarbeit", d. h. die Festungsbaugefangenschaft oder kürzer Festungsstrafe, und das Gefängnis [1]). Dazu kam um die Wende des 17. Jahrhunderts die Zuchthaus-, Arbeitshaus- oder Spinnhausstrafe [2]), und schließlich tauchte gegen Ende des 18. Jahrhunderts noch eine vierte Art der Freiheitsstrafe auf, nämlich das Arbeitshaus in einem gewandelten neuen Sinne. Neben diesen Kategorien bestand von Anfang an noch der sogenannte Festungsarrest, der indessen lediglich für Personen höheren Standes vorgesehen war [3]) und daher nur eine untergeordnete Rolle in der Strafrechtspflege gespielt hat.

Als Hauptarten der Freiheitsstrafe werden in der vorliegenden Abhandlung die drei zuerst genannten Kategorien zu behandeln sein. Daß es neben den genannten Arten der Freiheitsstrafe noch andere gegeben haben könnte, halte ich für ausgeschlossen. Es hätten sich, wenn dies der Fall wäre, Hinweise darauf in den Generalakten des Geheimen Staatsarchivs zu Berlin und in den Ediktsammlungen des Mylius finden müssen. Da es an solchen Hinweisen völlig fehlt, glaube ich die Frage nach der Differenzierung der Freiheitsstrafe, so wie es oben geschehen ist, endgültig beantworten zu können [4]).

An unserem Ergebnis ändert auch nichts die unklare und unsystematische Terminologie des 17. und 18. Jahrhunderts. Zu Zweifeln gibt hier zunächst der Ausdruck „Gefängnis" Anlaß; denn er ist in damaliger Zeit nicht Terminus technicus für eine bestimmte Strafanstalt gewesen, sondern in seinem weitesten Sinne zur Bezeichnung eines jeden Raumes verwendet worden, der für die Unterbringung von Gefangenen diente [5]). Also auch die Zelle des Zuchthäuslers oder des Festungsgefangenen wurde mit dem Ausdruck „Gefängnis" bezeichnet. Wo aber der Begriff „Gefängnis" eine anstaltsmäßige Anlage andeuten soll, ist darauf

[1]) Immer nur von Brandenburg-Preußen gesprochen!

[2]) Auch die Bezeichnung „Werkhaus" war üblich. Vgl. v. Liszt S. 260.

[3]) Landrecht von 1721, Tit. VIII, Art. XX, § I.

[4]) Meine Abhandlung S. 46/47. Kriegsmann S. 7 ff.

[5]) Rosenfeld in Ztschr. 26 S. 3. Zedler Bd. X S. 580.

zu achten, daß im Anschluß an die Verhältnisse des Mittelalters [1]) in erster Linie das Untersuchungsgefängnis damit gemeint sein soll [2]). Erst in zweiter Linie kommt das Gefängnis auch als Strafmittel in Betracht.

Auch der Ausdruck „Spinnhaus" kann unter Umständen zu Bedenken Veranlassung geben. In der Regel wird er freilich für das Zuchthaus im damals allgemein üblichen Sinne gebraucht; er kommt aber auch als Bezeichnung für Festungsabteilungen vor, in denen Weiber untergebracht waren und mit Spinnarbeiten beschäftigt wurden.

Endlich macht auch der Begriff der condemnatio ad operas publicas insofern Schwierigkeiten, als aus dem Landrecht von 1721, das ihn für Preußen zum ersten Male verwendet, nicht hervorgeht, welche Strafarten damit gemeint sein sollen. Sicher ist, daß die Festungsbauarbeit unter diesen Begriff fällt; denn sie ist ja recht eigentlich eine „öffentliche", d. h. vor den Augen des Publikums vollzogene Zwangsarbeit gewesen; außerdem ist die Festungsarbeit mit ihren Schwesterstrafen, dem Galeerendienst und dergleichen, älteren Datums als die Zuchthausstrafe; sie trug die Bezeichnung „operae publicae" schon, bevor Zuchthäuser existierten und der eigentlichen Strafrechtspflege dienstbar gemacht wurden [3]). Aber auch die Zuchthausstrafe wurde, seitdem sie in das Strafrecht Eingang gefunden hatte, diesem Begriff unterstellt, und daß das Gesetz von 1721 dies nicht mehr ausdrücklich erklärt, hat seinen Grund darin, daß schon mehrere Jahre vorher eine authentische Interpretation dafür erfolgt war. In einem Reskript vom 13. Dezember 1714 [4]) heißt es nämlich:

> „Weil ferner auch nöthig seyn will, daß, da Wir diejenige Verbrecher, so ad operas publicas condemniret seyn, nicht ohne Unterscheid in Unsere Vestungen gebracht haben

---

[1]) Schröder, Lehrbuch der deutschen Rechtsgeschichte 1907, S. 779.

[2]) So die Carolina; vgl. Streng S. 73 und Zedler Bd. X S. 580, ferner auch die österreich. Landgerichtsordnung vom 30. XII. 1656 in Cod. Austr. II. Für das 18. Jahrh. vgl.: Acta Borussica Bd. IX S. 94 u. 172; Mylius CC II I Sp. 389 u. II III Sp. 67, NCC X Sp. 163 ff. Landrecht von 1721 Pars III Tit. I Art. VII § I.

[3]) Vgl. Kriegsmann S. 3 ff.

[4]) Mylius CC II IV Sp. 59/60.

wollen, auf andere Mittel gesonnen werde, wie dergleichen Leute zur verdienten Strafe gezogen werden können, so befehlen Wir Euch hiermit in gnd. Euch mit Unsern Cammern und Commißariaten fördersamst hierüber zu vernehmen und zu überlegen, wie etwan Zuchthäuser einzurichten oder doch andere zulängliche Anstalten in dortigem Herzogthum hierzu zu machen und das Werck so zu faßen, daß dem Publico von der Arbeit, so die Delinquenten zu tun haben, Nutzen geschaffet ... werde."

Derselbe Gedanke wird im Jahre 1723[1]) wiederholt, und zwar in einem Edikt, welches anordnet,

„daß ein vollständiges Zucht- und Arbeitshaus angelegt werden soll, worinnen diejenige, so im Lande ad operas publicas condemnirt worden, imgleichen die sich einfindende muthwillige Bettler, auch allerhand loses Gesindel verwahrt und zur Arbeit angehalten werden können".

Wir können aus solchen Quellenstellen entnehmen, daß condemnatio ad operas publicas nicht bloß mit „Verurteilung zu öffentlicher Zwangsarbeit", d. h. vor allem zu Festung, sondern auch mit „Verurteilung zu Zuchthaus" übersetzt werden darf; der Begriff „öffentlich" bedeutet nunmehr auch „dem öffentlichen Nutzen dienend".

Zusammenfassend sei bemerkt: So ungenau die Ausdrucksweise der Quellen vielfach ist, sachliche Zweifel an der Richtigkeit der oben erörterten Differenzierung der Freiheitsstrafe können trotzdem nicht entstehen. Es kann sich nur immer darum handeln, welche von den drei genannten Hauptarten der Freiheitsstrafe im einzelnen Falle gemeint ist; für die Annahme noch einer anderen Kategorie besteht nicht der geringste Grund.

2. Von den genannten Arten der Freiheitsstrafe wurden ganz besonders die Zuchthaus- und die Festungsstrafe von der königlichen Kasualpraxis bevorzugt. Welche Bedeutung aber der Krone im Hinblick auf die Einführung der Freiheitsstrafen überhaupt zukommt, wird um so deutlicher werden, wenn wir zunächst einen Blick auf die größeren strafrechtlichen Kodifikatio-

---

[1]) I Z 33[3] Bl. 12.

nen werfen, die in Brandenburg-Preußen damals Geltung gehabt haben. Es handelt sich um die Landrechte von 1685 und 1721; beide seien also einem kurzen Vergleich unterzogen.

a) Das Landrecht von 1685 kennt die Zuchthausstrafe naturgemäß noch nicht; denn im Jahre 1685 wurden erst die ersten Pläne zur Anlegung von Zuchthäusern gefaßt, Anstalten dieser Art selbst hat es noch nicht gegeben. Wir finden daher als Arten der Freiheitsstrafe nur das Gefängnis und die „Vestungsarbeit" im Landrecht von 1685 vertreten. In qualitativer Hinsicht beweisen die einschlägigen Gesetzesbestimmungen zunächst, daß die Gefängnisstrafe eine der leichtesten peinlichen Strafen gewesen ist. Ihr Anwendungsgebiet beschränkt sich auf ganz leichte Kriminalfälle, vielfach auf solche, in denen ein verbrecherischer Erfolg überhaupt nicht zutage getreten ist. So finden wir Gefängnisstrafe angeordnet bei Abtreibungsversuch mit untauglichen Mitteln oder am untauglichen Objekt [1]), bei Diebstahl, falls der Wert des gestohlenen Gutes vor der Entdeckung ersetzt ist [2]), ferner bei Umgang mit Zauberei, ohne daß dadurch ein Mensch oder ein Tier beschädigt worden ist [3]). In diesen Fällen erscheint die Gefängnisstrafe zudem fakultativ neben Geldstrafe oder aber auch neben Staupenschlag und Landesverweisung.

Die Festungsarbeit finden wir 1685 bei einem verhältnismäßig schweren Delikt angeordnet, nämlich in dem Falle, daß jemand zum dritten Male gestohlen hat, wobei der Wert des gestohlenen Gutes mehr als 100 fl. poln. betragen haben muß [4]).

Im Landrecht von 1721 ist das qualitative Verhältnis der genannten Arten der Freiheitsstrafe zueinander unverändert geblieben. Es ist aber nunmehr als dritte Art die Zuchthaus strafe hinzugetreten, die ebenfalls dem Gefängnis gegenüber als schwerere Strafart gegolten hat. Wenn z. B. derjenige, der in einer Zivilsache einen falschen Eid geleistet hat, den Schaden ersetzen kann, so ist er gemäß Tit. V Art. II § II des Landrechts

---

[1]) Der Mangel des Erfolges ließ dies damals als sehr leichtes Delikt erscheinen. LR. von 1685 Tit. V Art. III § VI.

[2]) Tit. VII Art. I § VIII.

[3]) Tit. IV Art. II § II.

[4]) Tit. VII Art. I § IV.

von 1721 mit Gefängnis oder Geldstrafe zu bestrafen; kann er den Schaden dagegen nicht ersetzen, so ist er zu Zuchthaus, Festungsbauarbeit oder Landesverweisung zu verurteilen.

Die Bedeutung der Freiheitsstrafe ist in dem Landrecht von 1721 bereits eine bedeutend größere als im Landrecht von 1685. Rein zahlenmäßig zeigt sich das darin, daß das Landrecht von 1685 die Gefängnisstrafe nur an 10 Stellen, die Festungsarbeit sogar nur in einer Vorschrift erwähnt, während im Landrecht von 1721 die Gefängnisstrafe 21mal, Zuchthaus und Festung zusammen etwa 40mal genannt werden.

Was die einzelnen Arten der Freiheitsstrafe betrifft, so läßt sich nach dem Landrecht von 1721 etwa folgendes feststellen:

Der Kreis der mit Gefängnisstrafe bedrohten Verbrechen ist nicht unbedeutend erweitert. Die Gefängnisstrafe tritt sogar in manchen Bestimmungen in unmittelbare Konkurrenz zur Todesstrafe [1]) oder zur Festungsstrafe; im letzteren Falle wird dann aber bisweilen noch ausdrücklich betont, daß auf Gefängnis nur in besonders bezeichneten leichteren Fällen zu erkennen ist [2]). Im übrigen ist das Hauptgebiet der Gefängnisstrafe das Bagatelldelikt oder im Sinne der damaligen Erfolgshaftung das erfolglose Delikt [3]). Von einer Aufzählung der einzelnen Fälle muß hier natürlich Abstand genommen werden.

Dasselbe, was für die Gefängnisstrafe gilt, ist mutatis mutandis auf die Festungsstrafe anzuwenden. Auch ihre Bedeutung ist bis 1721 gewachsen. Abgesehen von den Fällen, wo die Anordnung der condemnatio ad operas publicas [4]) die Möglichkeit einer Wahl zwischen Zuchthaus und Festung zuläßt, findet sich der „Vestungsbau" auch ausdrücklich in einer ganzen Reihe von Bestimmungen erwähnt [5]), so daß sein Anwendungsgebiet gegen 1685 bedeutend vergrößert ist.

---

[1]) Tit. V Art. V § I.

[2]) Tit. VI Art. XVII § III.

[3]) Vgl. oben S. 14.

[4]) Vgl. oben S. 12 ff.

[5]) Vgl. Tit. V Art. VII § I; Tit. VI Art. XVI § VII, Art. XVII § III, Art. XX §§ I u. II; Tit. VII Art. II § II, Art. III § VI, Art. IV §§ I u. II; Tit. VIII Art. I §§ II, III u. a. m.

Werfen wir schließlich noch einen Blick auf die Delikte, welche die Verhängung der Zuchthausstrafe zur Folge hatten. Hier sind zunächst nur diejenigen Fälle zu erwähnen, in denen ausdrücklich von Zucht- und Spinnhausstrafe und nicht nur von condemnatio ad operas publicas schlechthin die Rede ist. Vor allem im Tit. VII, der von den Unzuchtsdelikten handelt, finden wir die Zuchthausstrafe als solche angeordnet: Die Hurerei, der Ehebruch, die Bigamie in gewissen Fällen und die Kebsweiberei können außer der Strafe der Landesverweisung auch Zucht- und Spinnhausstrafe zur Folge haben; auch der Diebstahl soll in leichten Fällen mit Zuchthaus geahndet werden können.

Die condemnatio ad operas publicas ist demgegenüber bedeutend öfter erwähnt; sie kommt vor allem auch schon bei schwereren Delikten aller Art zur Anwendung.

b) Aus den angeführten gesetzlichen Bestimmungen ergibt sich kein genaues Bild von der Bedeutung, die tatsächlich den Freiheitsstrafen schon damals zugekommen ist. Um diese in richtiger Weise zu würdigen, muß man vor allem die bereits erwähnte Kabinettsjustiz und Kasualpraxis der Monarchen in Betracht ziehen [1]). Diese ist für die Steigerung der Bedeutung und für den endlichen Sieg der Freiheitsstrafe in erster Linie maßgebend gewesen; denn gerade die gewaltigen Veränderungen, die durch die Lehren der Aufklärungsphilosophie in den strafrechtlichen Anschauungen hervorgerufen worden waren, sind nicht durch eine zusammenhängende gesetzliche Regelung in die Praxis übertragen, sondern durch Anwendung in einer Unzahl von Einzelfällen und in vielfachen Spezialedikten, Reskripten und Kabinettsordres. Das Allgemeine Landrecht von 1794 ist dann der gesetzliche Niederschlag der durch die Kabinettsjustiz und die königliche Ediktalgewalt allmählich eingeführten kriminalpolitischen Grundsätze.

---

[1]) Das LR. von 1721 enthält in Tit. V Art. III § IV die ausdrückliche Klausel, daß es dem König gestattet ist, die auf mehrfachen Meineid gesetzte Todesstrafe in die Strafe ad perpetuos carceres et ad operas publicas zu verwandeln und minderjährige Personen in solchen Fällen bis zur Großjährigkeit im carcer zu behalten. Auch ohne diese Bestimmung hätte der König das Recht dazu gehabt. Vgl. hierüber ausführlich meine Abhandlung S. 1 ff.

Auf dem Wege der Begnadigung dürften die ersten Verurteilungen zu Zuchthausstrafe zustande gekommen sein [1]). Schon im 17. Jahrhundert hat auf solche Weise das Zuchthaus zur Einschränkung der Todesstrafe beigetragen. Neben diesen Begnadigungen sind aber auch allgemeine königliche Anordnungen und richterliche Urteile von Bedeutung gewesen. Nachdem erst einmal Zuchthäuser unter dem Einfluß der oben geschilderten Ideen gegründet waren und der Begriff der operae publicae auf sie ausgedehnt worden war, wurde das Zuchthaus unter die offiziellen Strafmittel eingereiht und so aus einer polizeilich-charitativen Maßregel in eine zum Teil auch der Strafrechtspflege als solcher dienende Anstalt verwandelt. Eine ordentliche Strafe ist das Zuchthaus in der Zeit vor 1721 aber noch nicht gewesen, vielmehr wurde die Zuchthausstrafe zunächst als poena extraordinaria verhängt. In den Akten des Magdeburger Stadtarchivs findet sich eine ganze Anzahl von Annahmebefehlen, die auf Grund richterlicher Urteile an die Zuchthausdirektoren gerichtet worden sind.

Als poena extraordinaria erwarb sich die Zuchthausstrafe ihre höchste Bedeutung von vornherein auf dem Gebiete der Eigentumsdelikte. Gewiß blieben die auf Diebstahl gesetzten schweren Strafen noch lange bestehen, kamen auch weiterhin in äußerst zahlreichen Fällen zur Anwendung, aber eine Konkurrenz durch das Zuchthaus ist bereits in den zwanziger Jahren des 18. Jahrhunderts deutlich erkennbar. Charakteristisch sind hierfür die über die Belegung verschiedener Zuchthäuser erhaltenen Nachweisungen. Im Magdeburger Zuchthaus befanden sich damals monatlich etwa 50 Personen; von diesen waren mehr als der vierte Teil wegen Diebstahls oder Betruges eingeliefert [2]). Ganz ähnlich lagen die Verhältnisse nach Wagnitz' Angaben, die ich durch eine in den Akten des Berliner Geheimen Staatsarchivs befindliche Liste vom Jahre 1734 [3]) bestätigt fand, in

---

[1]) R 9 C 6 c 1: Margarethe Kersten, 1692 zum Tode verurteilt, dann zu Zuchthaus begnadigt, wird durch den Amnestieerlaß von 1701 als gebessert entlassen. Vgl. auch Wächter S. 49.

[2]) I Z 33 7 Bl. 119 ff.

[3]) R 9 C 6 c 1.

den Zuchthäusern von Spandau und Breslau. Der Dieb, insbesondere der jugendliche Dieb, ist seit dieser Zeit der ständige Insasse der preußischen Zuchthäuser [1]). Der jugendliche Verbrecher, dessen Arbeitskraft durch den Staat noch lange ausgenutzt werden konnte, wurde überhaupt mit Vorliebe gerade in die Zuchthäuser geschickt, da diese ehrlichen Charakter hatten. Unter Friedrich dem Großen wurden sogar recht schwere Delikte nach Lage des Einzelfalles mit Zuchthaus bestraft, z. B. Brandstiftung und Straßenraub, allerdings meist nur dann, wenn der Täter noch jugendlich und besserungsfähig war [2]).

Erwähnt sei schließlich die Eigentümlichkeit, daß vielfach nicht geständige, aber unter starkem Verdacht stehende Schwerverbrecher, die im Falle des vollen Beweises mit dem Tode bestraft worden wären, im Zuchthause eingesperrt wurden [3]). Wächter [4]) macht daher mit Recht darauf aufmerksam, daß das Zuchthaus insofern auch die Tortur beeinträchtigt habe.

Die gleiche Bedeutung, die die königliche Rechtsprechung für das Zuchthaus gehabt hat, kommt ihr hinsichtlich der Festungsstrafe zu. Wir erkennen aus den von Fall zu Fall getroffenen Bestimmungen auch deutlich den hauptsächlichsten Unterschied, der hinsichtlich der utilitaristischen Strafzwecke in friderizianischer Zeit zwischen der Festungs- und der Zuchthausstrafe bestanden hat. Von vornherein für schwerere Delikte bestimmt, im Sinne der polizeilich-charitativen Ideen so gut wie gar nicht verwendet [5]), unterscheidet sich die Festungsstrafe von der Zuchthausstrafe dadurch, daß sie in erster Reihe der Generalprävention und der spezialpräventiven Sicherung diente. An eine spezialpräventive Besserung hat man bei Verurteilung zu Festungsstrafe wohl kaum gedacht [6]). Deutlich finden wir dies Prinzip in einem Urteile aus den Magdeburger Akten ausgedrückt, nach welchem [7]) zwei Diebe

[1]) Vgl. über das Problem der rückfälligen Diebe meine Abhandlung S. 52/3.

[2]) Vgl. meine Abhandlung S. 55 Anm. 2.

[3]) In den Magdeb. Akten zahlreiche Beispiele im Falle von Kindesmord.

[4]) Wächter S. 51.

[5]) Bei Bettlern kam sie allerdings vielfach zur Anwendung.

[6]) Vgl. meine Abhandlung S. 54.

[7]) I Z 33 5 Bl. 134.

„dahin condemniret werden, daß der erstere auf 2 Jahr in das dortige Zuchthaus genommen, zu Erlernung eines Handwerks angehalten und im Christentum fleißig unterrichtet, der andere aber mit dreijähriger Vestungsarbeit bestraffet und nach deren Ablauff des Landes ewig verwiesen werden soll".

Mit andern Worten: der zu Zuchthaus verurteilte Verbrecher wurde für besserungsfähig gehalten und sollte im Zuchthaus zu einem ehrbaren und nützlichen Mitglied der menschlichen Gesellschaft gemacht werden; der andere dagegen sollte in der Festung lediglich eine empfindliche Strafe ausstehen, und nachdem auf diese Weise der Generalprävention genügt war, des Landes verwiesen werden; offenbar war man also der Ansicht, daß er unverbesserlich und dem Staate auch künftig nur lästig sein würde. In die Festungen wurden vor allem auch die mit Infamie belegten Delinquenten geschickt; denn das Zuchthaus war regelmäßig solchen Verurteilten nicht zugänglich, da auch in Preußen zahlreiche Zuchthäuser [1]) alter Tradition gemäß [2]) ein die Ehre des Insassen nicht schmälernder Aufenthaltsort geblieben waren.

3. Die Tatsache allein, daß jede feste gesetzliche Grundlage für die Verhängung von Freiheitsstrafen überhaupt während des 18. Jahrhunderts fehlte, beweist, daß eine irgendwie systematische Anwendung der verschiedenen Arten der Freiheitsstrafe in der Strafrechtspflege nicht möglich war. Die ganze Entwicklung befand sich eben im Fluß, es fehlte an genügender praktischer Erfahrung, und vor allem machte sich gerade in dieser Richtung der Mangel an geeigneten Strafanstalten in verschiedenen Teilen der Monarchie empfindlich bemerkbar. Beim Regierungsantritt Friedrichs des Großen war in den gesamten westlichen Gebieten des preußischen Staates kein einziges Zuchthaus vorhanden [3]). Erst später wurde in Wesel ein solches errichtet, wie man aus v. Arnims Berichten entnehmen kann. Die Folge dieser Zustände war, daß man, selbst wenn man auf Zuchthausstrafe erkennen wollte, davon Abstand nehmen und eine andere

[1]) Mylius NCC II Sp. 18.

[2]) v. Hippel in Ztschr. 18 S. 649.

[3]) Meine Abhandlung S. 51.

Strafart an die Stelle setzen mußte. So entwickelte sich allmählich, insbesondere auch im Hinblick auf die geringe Größe der vorhandenen Anstalten, das Prinzip, kräftige, arbeitstüchtige Männer zur öffentlichen Zwangsarbeit in die Festungen zu schicken und das Zuchthaus im großen und ganzen nur für jugendliche und weibliche Delinquenten vorzubehalten [1]).

Aber noch merkwürdigere Maßnahmen wurden aus den geschilderten Gründen ergriffen. Zwei Reskripte aus den Jahren 1785 und 1791 [2]) ordneten an, daß nur Weiber und schwache Männer den Zuchthäusern überwiesen werden sollten; in den Fällen, wo die Gesetze Zuchthaus und Festung alternativ [3]) zulassen, sollte von Zeit zu Zeit mit diesen beiden Strafarten gewechselt, also beispielsweise eine gewisse Zeitlang nur auf Festung, dann einen entsprechenden Zeitraum hindurch lediglich auf Zuchthaus erkannt werden; kurzfristige Zuchthausstrafen sollen tunlichst durch Gemeindearbeit ersetzt werden.

Die ganze Unklarheit des Strafensystems geht aus diesen Bestimmungen mit Deutlichkeit hervor [4]). Erst im neuen Jahrhundert wurde hier Wandel geschaffen, nachdem im Jahre 1799 die ersten Anregungen dazu ergangen waren [5]).

Die gleiche Systemlosigkeit, die wir bei der Anwendung der einzelnen Arten der Freiheitsstrafe kennen gelernt haben, läßt sich auch bei der Frage nach der Detentionsdauer feststellen. Die Gründe sind teilweise ganz die gleichen; vor allem dürfte wohl der Mangel an ausreichender Erfahrung an der auch hier herrschenden Verworrenheit schuld gewesen sein. Bald machte man den Fehler, daß man Leute, die „ohne Zeit" zur Besserung eingeliefert worden waren, schon nach 5, 8 oder 14 Tagen ent-

---

[1]) Hierüber liegen zahlreiche Berichte vor, z. B. aus Spandau vom Jahre 1738, R 49 A 1 G. i. C. 1737—44.

[2]) Mylius NCC VII Sp. 3213 ff. und NCC IX Sp. 241 ff.

[3]) Vor allem da, wo es sich um condemnatio ad operas publicas handelte.

[4]) Hierauf bezieht sich wohl Kriegsmanns Bemerkung (S. 14), daß von einer scharfen Unterscheidung der verschiedenen Arten der Freiheitsstrafe nicht die Rede sein konnte. An sich waren die verschiedenen Typen ganz deutlich zu unterscheiden, nur in ihrer Anwendung bestand die Verworrenheit. S. auch Richard Schmidt S. 240.

[5]) Vgl. Rabe X S. 603.

ließ [1]); bald hielt man die Insassen über Gebühr lange im Zuchthause fest [2]).

Auch an dieser Systemlosigkeit hat sich im 18. Jahrhundert nichts geändert.

---

2. Abschnitt.

Die Zustände in den einzelnen Arten der Strafanstalten bis zum Ausgange des 18. Jahrhunderts.

Die folgende Darstellung der in den einzelnen Arten der Strafanstalten [3]) herrschenden Zustände stützt sich vorwiegend auf gedrucktes und ungedrucktes Quellenmaterial [4]). Die in der Literatur vorhandenen Schilderungen haben sich vielfach als übertrieben und unsachlich herausgestellt. Sie beschränken sich auch zumeist darauf, auf allgemeine, von Wagnitz und v. Arnim bereits hervorgehobene Schäden einzugehen; dabei sind zahlreiche interessante Ansätze für später verwirklichte Einrichtungen übergangen und die inneren Gründe für die damaligen, gewiß zumeist traurigen Zustände der Strafhäuser nur selten berührt worden.

---

[1]) I Z 33 7 Bl. 119 ff. Denselben Fehler machte man später bei den neuen Arbeitshäusern. v. Hippel, Korrekt. Nachhaft S. 14.

[2]) In Spandau erging z. B. am 17. X. 1731 an den General v. Gersdorff eine K.-O., die befahl, daß die bei den Visitationen aufgegriffenen Bettler erst loszulassen seien, wenn ein neuer Befehl dazu erfolge. Infolgedessen saßen noch 1733 Bettler im Spandauer Zuchthaus, die nur auf ganz kurze Zeit eingeliefert waren R 9 C 6 c 1.

[3]) Ich bin mir bewußt, daß die Bezeichnung „Anstalt" insbesondere für die Gefängnisse der damaligen Zeit reichlich euphemistisch ist, und verwende das Wort lediglich der Kürze halber.

[4]) Meine Spezialstudien habe ich im Berliner Geh. Staatsarchiv und im städt. Archiv zu Magdeburg vorgenommen. Die Akten des Geh. Staatsarchivs gaben Aufschluß über die allgemeinen Verhältnisse der Zuchthäuser. Ich beabsichtigte, auch über das Zuchthaus von Küstrin und Frankfurt a. O. Quellenstudien zu treiben. Der Magistrat zu Küstrin teilte mir indessen mit, daß dort von einem Verbleib der alten Zuchthausakten nichts bekannt wäre. Es hat sich dann auf Grund der Berliner Akten herausgestellt, daß die Küstriner Akten im Siebenjährigen Kriege verbrannt sind. Der Magistrat von Frankfurt a. O. hat auf meine Eingaben nicht geantwortet. Den Berliner und Magdeburger Archivbehörden möchte ich an dieser Stelle für ihr bereitwilliges Entgegenkommen meinen verbindlichsten Dank aussprechen!

Die mustergültige Darstellung von v. Hippel [1]) bezieht sich auf außerpreußische Zustände; die einschlägigen Abschnitte bei Kriegsmann und Freudenthal [2]) behandeln kurz die Gesamtentwicklung der Freiheitsstrafe.

Mir erscheint es daher nicht ungerechtfertigt, eine zusammenfassende Darstellung der Zustände, die in den altpreußischen „Strafanstalten" geherrscht haben, im folgenden zu bringen.

A. Die Gefängnisse.

Über die Einrichtung der Straf- und Untersuchungsgefängnisse sind im Laufe des 18. Jahrhunderts eine ganze Reihe von Vorschriften erlassen worden, die auf eine zweckentsprechende Durchführung der Untersuchungs- und Strafhaft abgezielt haben. Es dürfte aber wohl regelmäßig nicht zu einer Befolgung der angeordneten Maßnahmen gekommen sein.

Insbesondere wurde immer wieder auf die Notwendigkeit einer Trennung der Straf- und Untersuchungsgefängnisse hingewiesen. Schon die „Neuverfaßte Kammer-Gerichts-Ordnung in der Chur- und Mark Brandenburg" vom 1. März 1709 [3]) hat dieses Erfordernis aufgestellt, das dann mehrfach, insbesondere in der „Criminalordnung vor die Chur- und Neumark" vom 8. Juli 1717 [4]) und im Landrecht von 1721 [5]) wiederholt worden ist. Trotzdem sind alle diese Bestimmungen, wie wir aus Berichten des Großkanzlers Cocceji [6]) ersehen, nicht zur Durchführung gekommen. Nach wie vor wurden vielmehr Straf- und Untersuchungsgefangene gemeinsam in die aus alter Zeit überkommenen, jeder Hygiene hohnsprechenden Stadttürme [7]) gebracht; ja, es wurden nicht einmal die Teilnehmer desselben Verbrechens trotz entgegenstehender Bestimmungen [8]) getrennt,

[1]) In der Zeitschrift für die gesamte Strafrechtswissenschaft Bd. XVIII.

[2]) Vgl. das Quellen- und Literaturverzeichnis am Anfange dieser Arbeit.

[3]) Mylius CC II 1 Sp. 389.

[4]) Mylius CC II III Sp. 67.

[5]) Pars III Tit. I Art. VII.

[6]) Acta Borussica IX S. 94.

[7]) z. B. Spandauer Juliusturm: Rosenfeld in Ztschr. 26 S. 13.

[8]) Mylius CC II III Sp. 76.

was Cocceji in seinem Bericht als ganz besonders schädlich hervorhob [1]), da es den Delinquenten auf diese Weise leicht gemacht wurde, ihre vor Gericht zu erstattenden Aussagen miteinander zu bereden.

Was die in den Gefängnissen untergebrachten Strafgefangenen betrifft, so konnte diesen gegenüber mit der Gefängnisstrafe lediglich eine Wiedervergeltung geübt werden. Irgendwelche utilitaristischen Zwecke zu erreichen, war in den Gefängnissen kaum möglich, wenn man einmal von der spezialpräventiven Sicherung absieht. Der Strafgefangene büßte seine Strafzeit ohne jede Beschäftigung ab. Die Freiheitsentziehung war zwar ein wichtiges Element in dieser Strafart. Man darf aber nicht vergessen, daß das eigentliche Strafübel zumeist infolge der Anlegung schwerer Ketten und stets infolge der entsetzlichen gesundheitlichen Verhältnisse (squalor carceris) in einer starken Beeinträchtigung der körperlichen Integrität bestand und daß die Gefängnisstrafe aus diesem Grunde in erster Linie den Charakter einer Leibesstrafe an sich trug.

An Überfüllung haben die damaligen Gefängnisse offenbar dauernd gelitten. Man mußte daher auf einen Ausweg sinnen und die Sträflinge vielfach bei Privatleuten einquartieren [2]), eine Maßnahme, die selbstverständlich in jeder Beziehung verfehlt war; denn der Bürger wurde durch die Verpflichtung zur Bewachung des Gefangenen von seiner Arbeit abgehalten und mit der Verpflegung beschwert; der Gefangene andererseits hatte hier bedeutend günstigere Gelegenheit, zu entkommen und sich der Strafe zu entziehen.

Nicht geringe Sorgen wurden durch die Kostenfrage hervorgerufen. Im Gegensatz zu den Zuchthäusern [3]) brachten die Gefängnisse dem Staate keinen Pfennig ein; sie kosteten aber nicht geringe Summen. Um den Staat zu entlasten, wurde z. B. in Kap. II § 2 der Criminalordnung von 1717 [4]) die Bestimmung

---

[1]) Acta Borussica IX S. 94.
[2]) Acta Borussica IX S. 94. Vgl. meine Abhandlung S. 47.
[3]) Vgl. unten S. 34 ff.
[4]) Mylius CC II III Sp. 67.

getroffen, daß prinzipiell „die Obrigkeit“ [1]) die Kosten zu tragen habe; ist aber der Gefangene vermögend, so muß er sich selbst ernähren; die „Untertanen“ haben da, wo dies üblich ist, eine Beisteuerungspflicht; wird aber jemand auf Kosten eines Privaten in Haft gebracht, so trägt dieser die Kosten.

Der König hat sich sicherlich öfters zu Geldbeiträgen entschließen müssen. Cocceji erwähnt in seinem genannten Bericht die Summe von 500 Rtlrn, die der König

„aus denen Baugeldern zu Reparation der Weselschen, Clevischen und Wetterschen Gefängnisse assignieret“,

die aber nicht lange ausgereicht hat. An der Kostenfrage überhaupt sind allem Anschein nach die geplanten Reformversuche gescheitert.

Freilich hatte schon Cocceji Anregungen zu einer Reform gegeben [2]) und geraten, unter Kombinierung mehrerer Ämter zehn Untersuchungskollegien zu bilden, an deren Sitz ausreichende Anstalten für Untersuchungsgefangene zu errichten seien. Aber die Durchführung dieses Planes dürfte, wie auch in anderen Fällen [3]), infolge Geldmangels gescheitert sein.

Vorschriften über eine Verbesserung der bestehenden Zustände sind dann anscheinend erst wieder gegen Ende des 18. Jahrhunderts in größerem Umfange erlassen worden, doch bezogen sich auch diese neuen Bestimmungen lediglich auf die Untersuchungsgefängnisse, während bei den Strafgefängnissen alles beim alten belassen wurde. Die betreffenden Bestimmungen finden sich in dem „Reglement wegen Einrichtung der Inquisitoriate und der Criminal-Anstalten überhaupt in der Provinz Süd-Preußen“ vom 16. April 1796 [4]). Unter Inquisitoriaten verstand man Untersuchungsbehörden, an deren Sitz sich unter ihrer direkten Aufsicht Untersuchungsgefängnisse befanden. In-

---

[1]) Damit ist offenbar die den Sträfling einliefernde Jurisdiktionsbehörde gemeint, z. B. die Patrimonialherrschaft. Daß diese mit derartigen Kosten nicht wenig belastet wurden, wird noch bei der Besprechung der Zuchthäuser erwähnt werden.

[2]) Acta Borussica IX S. 94 u. 172.

[3]) KO. an Cocceji vom 9. I. 1751: Act. Bor. IX S. 95.

[4]) Mylius NCC X Sp. 163 ff.

teressant ist es, daß man die bei den Zuchthäusern inzwischen gemachten Erfahrungen auf diese in vieler Hinsicht übertrug und z. B. für die Untersuchungsgefangenen den Arbeitszwang einführte, damit das Untersuchungsgefängnis möglichst ohne staatliche Geldunterstützung sich aus sich selbst erhalten könne. Im übrigen zeigt die Tatsache, daß auch über die selbstverständlichsten Dinge Vorschriften erlassen werden mußten, wie es damals mit den Gefängnissen im allgemeinen bestellt gewesen sein mag.

Die Minimalanstalt mit allen ihren Schäden und trostlosen Zuständen hat sich bis zum 19. Jahrhundert erhalten, obgleich, wie das Allgemeine Landrecht von 1794 zeigt, die Bedeutung des Gefängnisses im Strafensystem stark gewachsen war [1]).

B. Die Zuchthäuser.

I. Soweit bisher im ersten Abschnitt dieser Abhandlung von den Zuchthäusern gesprochen worden ist, ist dies einmal im Hinblick auf die allgemeinen Tendenzen, die für die Anlegung solcher Anstalten maßgebend waren, zum andern aber lediglich mit Rücksicht auf die Verwendung der Zuchthäuser als Strafanstalten geschehen. Es war dabei aber bereits betont worden, daß das Zuchthaus ursprünglich als polizeilich-charitative Maßregel entstanden und erst später, nachdem es dem Begriff der operae publicae unterstellt worden war, in den Dienst der eigentlichen Strafrechtspflege getreten ist.

Hier sei zunächst hervorgehoben, daß das Zuchthaus während des ganzen 18. Jahrhunderts seinen polizeilich-charitativen Charakter nie eingebüßt hat, ungeachtet der steigenden Bedeutung, die es für die Strafrechtspflege ständig erhielt. Darin haben wir den Grund zu sehen, daß das Zuchthaus stets der Sammelplatz für äußerst heterogene Elemente war. Allen Personen, die durch Arbeitszwang vor dem Untergange bewahrt werden sollten, war das Zuchthaus zugänglich. Man war damals um den Unterschied zwischen polizeilichen und strafrechtlichen Maßnahmen wenig bekümmert.

[1]) Vgl. v. Arnim S. 191 ff.

An erster Stelle wollen wir demnach untersuchen, welche Personenkategorien uns hauptsächlich in den preußischen Zuchthäusern begegnen.

Davon, daß aus den Kreisen des Verbrechertums hauptsächlich jugendliche Personen den Zuchthäusern überwiesen wurden, womit die Einlieferung auch zahlreicher Erwachsener keineswegs ausgeschlossen war, ist im 1. Abschnitt gesprochen worden. Außer diesen Elementen und den ebenfalls mehrfach erwähnten Bettlern und Landstreichern spielten die Prostituierten eine nicht unbedeutende Rolle. Wie nämlich um die Wende des 17. Jahrhunderts eine energische staatliche Bewegung gegen die Bettelei einsetzte [1]), so richtete sich um dieselbe Zeit eine ähnliche Bewegung gegen das Überhandnehmen von Abtreibung und Kindesmord. Man sah die Veranlassung zu diesen mit grausamsten Strafen bedrohten Verbrechen in dem Treiben der Huren und Straßendirnen [2]) und war demgemäß bemüht, dieses Treiben nach Möglichkeit zu unterdrücken, um so von vornherein die Begehung der genannten Delikte unmöglich zu machen. Durch lediglich polizeiliche Maßnahmen wurden die der Hurerei, Bettelei und der Arbeitsscheu verdächtigen oder überführten Personen den Zuchthäusern überwiesen. Daß dies in großem Umfange geschah, beweisen uns Gefangenenlisten, wie sie z. B. im Magdeburger Zuchthaus geführt wurden. Eine solche Liste besagt, daß von 161 Züchtlingen [3]) 27 wegen Bettelei, 46 wegen „übler Aufführung" und außerdem noch eine ganze Anzahl wegen Hurerei eingeliefert waren. Andere Akten, z. B. aus Spandau und Küstrin, zeigen, daß wir auch dort mit ganz ähnlichen Verhältnissen rechnen dürfen.

Polizeilichen Einschlag hat auch die Unterbringung ungeratener Kinder in den Räumen der Zuchthäuser. Ganz allgemein sollten diese Anstalten zur Unterstützung der Hauszucht dienen und Eltern die Möglichkeit geben, ihre Kinder oder Dienstboten, Handwerkern, ihre Gesellen und Lehrlinge dort aufnehmen zu lassen, falls mit der gewöhnlichen häuslichen Zucht

[1]) Vgl. meine Abhandlung S. 67.

[2]) Vgl. meine Abhandlung S. 61 ff.

[3]) I Z 33 7 Bl. 119 ff.

ihnen gegenüber nichts auszurichten war [1]). Die jungen Leute wurden, wie uns das Königsberger Notifikationspatent [2]) lehrt, in Handwerkerarbeiten unterwiesen und unter dauerndem Beschäftigungszwang gehalten. Daß von dieser Maßnahme reichlich Gebrauch gemacht wurde, geht aus den Magdeburger Akten hervor, in denen wir sehr viele Aufnahmegesuche dieser Art finden.

Wären in den Zuchthäusern nur wirkliche Delinquenten und die erwähnten Arbeitsscheuen untergebracht worden, so wäre die Gleichartigkeit der einsässigen Elemente immerhin annähernd gewahrt geblieben. Dies ist aber während des ganzen 18. Jahrhunderts nicht der Fall gewesen. Der Kardinalfehler der damaligen Anstalten beruht vielmehr in einer Überlastung mit völlig heterogenen Elementen: unverschuldete Arme, Kinder bedürftiger Eltern, ja sogar freie Arbeiter, denen es daheim an Platz mangelte, konnten freiwillig in die Anstalten eintreten [3]). Besonders bedauerlich aber ist die Zuweisung geisteskranker Personen an die Zuchthäuser gewesen, ohne daß überall besondere Stuben für „delirirende Menschen" bestanden haben [4]). Erwähnenswert ist ferner die Tatsache, daß der Große Kurfürst eine Anzahl französischer Réfugiés im Spandauer Zuchthause unterbringen ließ. Sie lebten hier völlig frei, bekamen Arbeitsgelegenheit und konnten vom Zuchthause aus ihr Gewerbe betreiben [5]). Allerdings dürfte ihre Ansiedlung im Zuchthaus im allgemeinen nur eine vorübergehende gewesen sein; einzelne aber blieben länger dort und haben sogar Verwaltungsposten in der Anstalt versehen.

Schließlich sei noch darauf hingewiesen, daß der Schöffenstuhl zu Halle einen in einer Zivilsache zu Schadensersatz ver-

---

[1]) Hierzu dienten bereits die ersten holländischen Zuchthäuser: v. Hippel in Ztschr. 18 S. 442 u. 653. Vgl. auch Zedler Bd. 63 S. 1010; Streng S. 79. Für Österreich bezeichnend Codex Austr. sub voce „Zuchthaus". Vgl. auch Mylius CC I II Sp. 144 für die Verhältnisse zu Beginn des 18. Jahrhunderts.

[2]) Mylius NCC II Sp. 19.

[3]) So in Breslau nach Wagnitz I 356; desgl. in Spandau usw.

[4]) I Z 33 [1] Bl. 18: 1714, also noch vor endgültiger Fertigstellung des Zuchthauses wurde dem Magdeburger Magistrat trotz seines Sträubens die Annahme eines Irren befohlen.

[5]) R 9 C 6 c 1.

urteilten Pächter ins Zuchthaus schickte, damit er dort seiner Zahlungsunfähigkeit halber den Schadensersatz durch Arbeit aufbringen sollte [1]).

Solange den Zuchthäusern nur arbeitsfähige Personen überwiesen wurden, machte die Verwaltung bei der Annahme keine Schwierigkeiten. In erheblichem Maße aber war dies dann der Fall, wenn Kranke, schwangere oder stillende Frauen angenommen werden sollten; denn diese verursachten der Anstalt nur Kosten, ohne daß sie in der Lage waren, sich mit ausreichender produktiver Arbeit an der Erwerbstätigkeit des Hauses zu beteiligen. Vielfach wurden daher die Kranken sogleich a limine abgewiesen; oft mußten sie aber trotz heftigen Sträubens der Aufsichtsbehörde auf Grund königlicher Annahmebefehle aufgenommen werden [2]). Zu einer allgemeingültigen Regulierung dieser dauernden Streit verursachenden Angelegenheit ist es nicht gekommen.

Ganz ähnliche Schwierigkeiten tauchten auf bei der Frage, was aus unterstützungsbedürftigen Hausgenossen werden sollte, wenn der Ernährer ins Zuchthaus geschickt wurde. Kleine Kinder und Säuglinge wurden zumeist ohne weiteres der zu Zuchthaus verurteilten Mutter mitgegeben. Diesem Verfahren aber widersetzten sich die Anstaltsbehörden, sooft sich die einliefernde Jurisdiktionsbehörde nicht um die Alimentierung der Kinder kümmern wollte. Es kam daher auch in dieser Angelegenheit zu zahlreichen Streitfällen [3]), deren Entscheidung oft bis an den König ging. Ganz allmählich setzte sich folgender Grundsatz durch: Die Gerichte mußten entweder die Strafe ändern (!) oder die Kinder ex fructibus jurisdictionis im Zuchthause unterhalten lassen [4]). Lokale Besonderheiten blieben aber auch diesem Prinzip gegenüber bestehen; in Berlin wurde es z. B. in der zweiten Hälfte des 18. Jahrhunderts üblich, stillende Mütter zunächst dem sogenannten Arbeitshause [5]) zu überweisen und nach

[1]) I Z 33 5 Bl. 160.

[2]) R 9 C 6 c 1.

[3]) I Z 33 5 Bl. 9 ff., Bl. 19 ff. usw. R 9 C 6 c 1: 28. III. 1736.

[4]) Dafür stimmte Cocceji 1736: R 9 C 6 c 1.

[5]) Das war eine rein polizeiliche Anstalt. Vgl. die folgenden Erörterungen.

der Entwöhnung des Kindes dieses ins Waisenhaus, die Mutter aber zur endgültigen Abbüßung ihrer Strafe ins Spandauer Zuchthaus einzuliefern [1]). —

Die Erörterungen dieses Kapitels haben ergeben, welche Verschiedenheit der Zwecke in der allgemeinen Verwendung der Zuchthäuser vorhanden war. Der Strafrechtspflege allein sollten die Zuchthäuser im ganzen 18. Jahrhundert nicht dienen, ja dieser Zweck trat sogar in den Hintergrund gegenüber dem polizeilich-charitativen Charakter zahlreicher Anstalten. Je nachdem nun der eine oder der andere Zweck mehr oder weniger ausschließlich in der einzelnen Anstalt verfolgt wurde, differenzieren sich die Zuchthäuser in eine Reihe bestimmter Kategorien. Wir müssen die polizeilich-charitativen Zuchthäuser von den pönalen trennen [2]). Die Regel ist indessen die, daß ein wirklich klares System in der einzelnen Anstalt nicht erkennbar gewesen ist. Zumeist herrschte eine Vermischung der verschiedenen Elemente; das Zuchthaus diente regelmäßig gleichzeitig beiden Zwecken. Nur einige wenige Anstalten sind bekannt, die rein polizeilichen Charakter hatten, nämlich Kolberg [3]), Königsberg (Arbeitshaus) und Berlin (Arbeitshaus). Das Königsberger Arbeitshaus hat seinen ihm bei der Gründung verliehenen Charakter als rein polizeiliche Anstalt zu bewahren vermocht [4]); hier wurde das klare polizeiliche System nicht durch Annahmebefehle für kriminell verurteilte Verbrecher gestört. Die genannten Anstalten sind aber stets vereinzelte Erscheinungen gewesen. Das gemischte System war das absolut vorherrschende, insbesondere sind rein pönale Anstalten ohne jeden polizeilichen Einschlag meines Wissens nicht vorgekommen.

II. 1. Für die Verwaltung der preußischen Zuchthäuser sind bis zum Ausgang des 18. Jahrhunderts zwei Systeme

---

[1]) Rosenfeld, Geschichte des Vereins usw. S. 35.

[2]) Wächter (3. Kapitel S. 162 ff.) hat ähnlich zwischen polizeilichen und kriminalen Zuchthäusern unterschieden.

[3]) R 49 A 1 G. i. C. 1737—44.

[4]) Mylius NCC II Sp. 15 ff. und R 9 C 6 c 1: Bericht der Königsberger Kriegs- und Domänenkammer vom 25. I. 1770. Auch Wächter (S. 63) rühmt Königsberg deshalb.

maßgebend gewesen. Entweder lag die Verwaltung der Anstalten in den Händen einer staatlichen oder städtischen Behörde, oder aber das Zuchthaus wurde hinsichtlich der gesamten Direktion einem privaten Unternehmer übergeben, dem dann die Leitung des Hauses in allen Einzelheiten oblag [1]).

a) Bei den durch staatliche Organe verwalteten Zuchthäusern läßt sich eine Einheitlichkeit hinsichtlich der oberen Behördenorganisation nicht feststellen, vielmehr herrschte, wie schon v. Arnim [2]) getadelt hat, eine bedauerliche Verworrenheit. Nur im Könige hatte die Verwaltung der Strafanstalten eine gemeinsame Spitze. Im übrigen sehen wir die verschiedensten Behörden mit der oberen Leitung der Zuchthäuser betraut. Diejenigen Anstalten, die auf Kosten einer Stadt errichtet waren, standen unter deren Magistrat, der in der Regel aus seiner Mitte ein Direktorium bildete und dieses mit der unmittelbaren Beaufsichtigung der Strafanstalt beauftragte [3]). Die staatliche Aufsicht über die kommunale Leitung führte die Kriegs- und Domänenkammer, zu deren Amtsbezirk die betreffende Kommune gehörte. Die Kammer übermittelte die Anordnungen des Königs an den Magistrat und andererseits auch die Gesuche des Magistrats an den König.

Nicht so klar war die Sachlage im Hinblick auf nichtstädtische, sondern rein staatliche Anstalten.

Das Generaldirektorium, das vom Justizdepartement im Jahre 1769 als Aufsichtsbehörde in Anspruch genommen wurde, erklärte sich für unzuständig und war der Ansicht, daß die über die einzelnen Anstalten gesetzten Kommissionen, die aus einem höheren Offizier und einem Generalauditeur bestanden, allein für die betreffenden Zuchthäuser verantwortlich seien [4]). Das Justizdepartement stellte demgegenüber aber fest, daß in vergangenen Jahren das Generaldirektorium Befugnisse einer Aufsichtsbehörde

---

[1]) Mit dem heutigen Dualismus in der oberen Verwaltung der Strafanstalten hat dies nichts zu tun. Der heutige Dualismus hat seine Wurzeln in der Behördenorganisation des 19. Jahrhunderts.

[2]) v. Arnim II S. 160 ff.

[3]) I Z 33 [70] Bl. 1 ff.: Magdeburg, Wagnitz II S. 105: Halle.

[4]) R 9 C 6 c 1: Acta vom 9. III. 1769.

ausgeübt habe. Zu einer prinzipiellen Regelung dieser Angelegenheit ist es nicht gekommen; indessen hat das Generaldirektorium doch in gewissem Sinne nachgegeben; denn es forderte von sämtlichen Kriegs- und Domänenkammern Berichte über die vorhandenen Zuchthäuser und zeigte damit, daß es seinen Charakter als Aufsichtsbehörde nicht verleugnen könne.

b) Häufiger als das System der staatlichen oder kommunalen Anstaltsleitung ist das System der privaten Unternehmung, die sogenannte „Entreprise", vorgekommen. Die gesamte Anstalt, nicht nur der Arbeitsbetrieb, wurde einem Privatmann, mit dem ein Kontrakt geschlossen wurde, in Entreprise gegeben. Das Zuchthaus erfuhr dadurch gewissermaßen eine Umwandlung in einen privaten Fabrikbetrieb, wurde volkswirtschaftlich auch durchaus als ein solcher aufgefaßt [1]).

Der Kontrakt, durch den das Zuchthaus einem Unternehmer übertragen wurde, wurde nicht immer zwischen diesem und einer staatlichen Behörde in Vertretung des Fiskus, sondern manchmal auch zwischen dem das Zuchthaus verlassenden und dem neu antretenden Unternehmer abgeschlossen. So geschah es z. B. in Spandau, wo die Unternehmer Rouvroy und Gutbier vor dem Königlichen Generalkommissariat kontrahierten und sodann beim Könige die Bestätigung ihres Vertrages erbaten [2]). In Küstrin dagegen kontrahierte der Bürgermeister mit dem Unternehmer, und die Approbation geschah durch die zuständige Kriegs- und Domänenkammer [3]). Die Unternehmer arbeiteten mit dem Zuchthause auf eigene Kosten; die staatlichen Zuschüsse, wenn es überhaupt solche gab, waren gering, ja mitunter mußten die Unternehmer sogar noch einen Vorschuß zahlen, der in Stolp die ansehnliche Höhe von 400 Rthlrn. erreichte [4]). Waren Zuschüsse vorhanden, so flossen sie entweder aus staatlichen Mitteln oder

[1]) Dies folgere ich aus Wächters im Jahre 1786 erschienenen Schriftchen. Vgl. dazu unten S. 32. Anhang Nr. 13.

[2]) R 9 C 6 c 1.

[3]) R 9 C 6 c 1. Eine ganze Reihe anderer Zuchthäuser stand ebenfalls unter privaten Unternehmern. Genannt seien nur Berlin (Rosenfeld in Ztschr. 26, S. 6 ff.), Stargard (v. Arnim II S. 211), Stolp (R 49 A 1 G. i. C. 1737—44).

[4]) R 49 A 1 G. i. C. 1737—44.

aus der Kasse derjenigen Anstalt, von der aus das Zuchthaus gegründet worden war [1]).

Da, wie man sieht, das Unternehmertum dem Staate nur geringe, ja unter Umständen gar keine Kosten verursachte, so erfreute es sich außerordentlicher Beliebtheit; denn die enormen Ausgaben, die der Staat damals für tausend andere Zwecke zu leisten hatte, ließen die Unterhaltung der Strafanstalten möglichst ohne staatliche Geldbeihilfe in hohem Maße erwünscht erscheinen. Auch wurde das Unternehmersystem viel mehr den merkantilistischen Bestrebungen des 18. Jahrhunderts gerecht. Man versprach sich eine größere Nutzbarmachung der Arbeitskräfte, wenn ein im eigenen Interesse arbeitender Pächter die Anstalt leitete, und hoffte demgemäß auf eine günstige Beeinflussung der Wollen- und sonstigen Manufakturen. Da man ferner schon damals der Ansicht war [2]), daß landesherrliche Manufakturen, also staatliche Zuchthäuser, der freien Erwerbstätigkeit keine Konkurrenz machen dürften, so glaubte man, durch Einführung des Unternehmersystems diesem Übelstande aus dem Wege gegangen zu sein, da ja das Zuchthaus dieser Art als rein privater Betrieb auf dem Wirtschaftsmarkte mitarbeitete.

Diese Vorteile bestachen so, daß man bestrebt war, dem Unternehmersystem möglichst große Ausdehnung zu geben. So wurde seine Einführung z. B. auch in Magdeburg [3]) versucht. Als man hier in den zwanziger Jahren des 18. Jahrhunderts hin- und hersann, wie man Mittel zum endgültigen Ausbau des Zuchthauses auftreiben könne, wurde angeregt,

> „zu versuchen, ob sich Entrepreneurs finden wollten, die zu Anlegung einer Spinnerey zu ihren Manufacturen ein Capital herschießen wollten".

Die Verhandlungen aber, die mit einem Tuchmacher aus Dessau und einem Zeugmacher aus Quedlinburg angeknüpft wurden, zerschlugen sich, weil beide einen höheren Zuschuß oder doch

---

[1]) So zahlte für das Küstriner Zuchthaus das dortige Hospital einen Zuschuß da das Zuchthaus mit dem Hospital in Zusammenhang stand. Vgl. oben S. 6.

[2]) Wächter S. 73.

[3]) I Z 33 [3] Bl. 21.

wenigstens die völlige Ausstattung und Einrichtung der Werkstätten verlangten.

Der Verwaltungsform des Unternehmersystems ähnelte bis zu einem gewissen Grade die Verwaltung der schlesischen Zuchthäuser in Jauer und Brieg. Wagnitz [1]) erwähnt für diese Anstalten zwar keine Entrepreneurs, berichtet aber, daß die Beamten („Offizianten") Gewinnbeteiligung hatten und daß die Zuchthäuser sich aus ihrem eigenen Arbeitsertrage erhalten mußten.

2. Warum das Unternehmersystem solche Bevorzugung erhielt, ist schon oben auseinandergesetzt worden. Auf die Schäden wurde man erst allmählich aufmerksam, nachdem seit der Mitte des 18. Jahrhunderts in kriminalpolitischer Erkenntnis Fortschritte gemacht und dem bestehenden Strafensystem größere kritische Beachtung geschenkt wurde.

Die Unternehmer, an der gründlichsten Ausnutzung der Arbeitskräfte pekuniär in hohem Maße interessiert, betrachteten die Arbeit der Gefangenen nicht unter erzieherischem, sondern lediglich unter dem Gesichtspunkte des Gelderwerbs. Die erzielten Überschüsse wurden nicht zur guten Instandhaltung der Anstalt verwendet, sondern flossen natürlich in die eigene Tasche des Unternehmers. Die staatliche Kontrolle scheint zumeist auch nur oberflächlich gewesen zu sein; daher konnte es nicht ausbleiben, daß sich häufig krasse Mißstände herausstellten. Im Spandauer Zuchthause [2]) überließen die Unternehmer Kracht und Klette die eigentliche Aufsicht und Leitung einem Studiosus der Theologie, während sie selbst in Berlin wohnten. Der Studiosus ließ sich Unterschleife der Akzise, Unterschlagung von vereinnahmtem Gelde zuschulden kommen und entwich schließlich, nachdem er noch eine Gefangene verführt hatte. Auch dem Kracht wurden Unzuchtsdelikte vorgeworfen.

Daß dergleichen Vorkommnisse, wenn auch nicht immer in so krasser Gestalt, nicht zu den Seltenheiten gehört haben, beweist ein Bericht des Stadtrichters Schmidt in Berlin an den

[1]) Wagnitz I S. 290 ff. Vgl. auch v. Arnim II S. 214.

[2]) R 9 C 6 c 1: Akten von 1701 ff.

Minister v. Zedlitz [1]). Auch dieser greift das Unternehmersystem heftig an und weist dabei auf die traurigen Zustände im Zuchthause von Küstrin hin [2]). Gleichzeitig aber ergibt sich hieraus, daß man im 18. Jahrhundert wenigstens die Schäden dieses Systems noch klar erkannt hat und sich bewußt geworden ist, daß die wirtschaftlichen Vorteile, die es bieten konnte, die großen kriminalpolitischen Nachteile nicht aufzuwiegen vermochten [3]). Änderungen hat indessen das 18. Jahrhundert auch in dieser Hinsicht nicht gebracht.

Daß das andere der beiden Systeme eher geeignet war, zu leidlich guten Resultaten zu führen, beweist das Magdeburger Zuchthaus, das, unter dauernder scharfer Kontrolle stehend, für damalige Zeit in einem geradezu mustergültigen Zustande sich befunden hat [4]).

III. In den vorhergehenden Teilen dieser Arbeit ist schon des öfteren darauf hingewiesen worden, wie sehr der Preußische Staat mit seinen eigenen Mitteln den Strafanstalten gegenüber zurückhielt, und wie er es lieber sah, wenn private Gelder für diese Zwecke flüssig gemacht wurden. Untersuchen wir daher, worin die eigentlichen und hauptsächlichsten Geldquellen der damaligen Strafanstalten bestanden haben.

1. a) Die zur Errichtung des Zuchthausbaues, zur ersten Ausstattung und Einrichtung erforderlichen Summen wurden in der Regel durch mehrfach wiederholte Kollekten und Lotterien aufgebracht [5]). Bisweilen ist die Anlegung eines Zuchthauses auf die private Stiftung eines größeren Kapitals, beruhend auf

---

1) R 49 A 1 G. i. C. 1760—74: Gutachten von 1772.

2) Bezeichnend ist, daß der im Jahre 1770 aus Küstrin eingeforderte Bericht der dortigen Kriegs- und Domänenkammer von diesen Zuständen nichts weiß! R 9 C 6 c 1.

3) Auch Wagnitz (I S. 290) und v. Arnim (II S. 100 ff. u. S. 215) wenden sich mit aller Schärfe gegen das Unternehmersystem.

4) Auch v. Arnim erkennt dies an.

5) Für das Magdeburger Zuchthaus bieten I Z 33 [1] u. I Z 33 [2] zahlreiche Beispiele. Auch für Spandau wurden nach R 9 C 6 c 1 wiederholt Kollekten angeordnet. Die Gründungskollekte für Halle brachte 900 Rtlr. (Wagnitz II S. 103). Eine Magdeburger Kollekte brachte ca. 650 Tlr. (1724).

letztwilliger Verfügung, zurückzuführen [1]). Wirkliche Kapitalfonds größeren Umfanges finden sich nur sehr selten und waren, soweit mein Quellenmaterial reicht, eigentlich nur für die Zuchthäuser von Spandau, Halle, Alt-Stettin, Königsberg und Breslau vorhanden [2]).

b) Zuschüsse erhielten die Zuchthäuser unter Umständen von den verschiedensten Seiten. Der enge Zusammenhang des Zuchthauswesens mit der Armenpflege, die Verbindung der Zuchthäuser mit frommen Stiftungen brachten es mit sich, daß den Zuchthäusern von dieser Seite auch pekuniäre Unterstützung gewährt wurde [3]). Auch der König bemühte sich [4]), den Zuchthäusern, sei es durch Geld, sei es in Naturalien, Unterstützungen zu gewähren. Öffentliche Kassen [5]) wurden in Notfällen ebenfalls herangezogen, Beiträge für den Bau- oder Unterhaltungsfonds

---

[1]) R 49 A 1: Hofgerichtsrat Reimannus in Königsberg stiftete in seinem Testament vom 13. XI. 1656 ein Kapital von 6000 Rtlrn. für diesen Zweck. Das Königsberger Zuchthaus käme damit als eins der ältesten Zuchthäuser auf preußischem Gebiete in Betracht. Das königliche Privileg erging allerdings erst 1693 (Bericht vom 25. I. 1770. R 9 C 6 c 1).

Für das Breslauer Zuchthaus vermachte ein gewisser Sauer 10 000 Tlr.: Wagnitz I S. 355.

[2]) Für Spandau vgl. meine Abhandlung S. 50 Anm. 2. Es hatten ferner an Kapitalien:

Halle: „1 fiscus von denen hiesigen Collegiis à 450 Thr., ungewisse Einnahmen aus Keller-, Haus-, Zwinger- und Bodenpacht, Zinsen von 1335 Thr. Kapital."

Alt-Stettin: 2577 Rtlr.

Königsberg (Arbeitshaus): 5000 Rtlr. aus dem Stadtärär.

Breslau und Königsberg (Zuchthaus): vgl. vorige Anmerkung.

[3]) Vgl. oben S. 6. Auch die Klöster im Magdeburgischen seien noch als Beispiele erwähnt.

[4]) Der König ließ dem Küstriner Zuchthaus jährlich 500 Klafter Holz, dem Spandauer Entrepreneur ebenfalls regelmäßig Brennholz liefern. Zur Unterstützung des Spandauer Zuchthausbaues zahlte er 300 Tlr. aus seiner Schatulle (R 9 C 6 c 1), für die Magdeburger Anstalt ähnlich.

[5]) Die Einnahmen des Küstriner Zuchthauses flossen teilweise aus der Neumärkischen Land-Rentey und den Kämmereien der Neumärkischen Städte. Die Kriegs- und Domänenkammer bewilligt im Herzogtum Magdeburg im Jahre 1724 300 Tlr. Baugeld. I Z 33 3 Bl. 29.

der Anstalten zu leisten. Schließlich wurden auch gewisse Strafgefälle [1]) den Zuchthäusern überwiesen.

c) Gegenüber den bisher erwähnten unbestimmten und unsicheren Einnahmen und Zuwendungen war die Hauptgeldquelle sämtlicher preußischer Zuchthäuser der aus der Arbeit der Gefangenen gewonnene eigene Arbeitsverdienst der Anstalten. Gerade hierin erblickte man einen großen Vorteil der Zuchthäuser [2]) gegenüber den Gefängnissen, die stets als unangenehme Belastung der Staatskasse empfunden wurden [3]). Daher war dem Könige auch stets daran gelegen, daß die Zuchthäuser mit ausreichender Arbeitsgelegenheit versehen seien; mancherlei Vorschriften wurden in dieser Richtung erlassen [4]).

Je weniger sonstige Zuschüsse dem Zuchthause zugute kommen konnten, desto mehr war es auf den eigenen Arbeitsertrag angewiesen [5]). Alle Ausgaben, die Gehälter der Beamten, die Verpflegung der Züchtlinge, die notwendigen Reparaturen und Anschaffungen mußten dann aus dem durch die Arbeit eingekommenen Gelde bestritten und natürlich diesem Verdienste angepaßt werden. Die Folge davon war einmal das Prinzip äußerster Sparsamkeit. Bei einem mit reichlicher Arbeit versehenen Zuchthause wurden bei sparsamer Wirtschaft bisweilen sogar nicht unerhebliche Ersparnisse gemacht und angelegt, und zwar war dies nicht nur bei solchen Zuchthäusern der Fall, denen ein privater Unternehmer vorstand, sondern auch bei Anstalten des anderen Systems. Im Magdeburger Zuchthause wurde auf

---

[1]) So z. B. in Spandau: R 9 C 6 c 1.

[2]) Röder S. 53 übertreibt, wenn er sagt, daß es diesem Umstande „hauptsächlich“ zu danken ist, wenn man immer allgemeiner auch Strafgefangene dem Müßiggang entriß.

[3]) R 49 A 1 G. i. C. 1737—44: Bericht der Regierung zu Minden.

[4]) I Z 33 [3] Bl. 5 ff.: Der König ordnet an, daß der Magistrat von Magdeburg mit den dortigen Fabrikanten über die Versorgung des Zuchthauses mit Arbeit verhandeln soll. 30. VIII. 1723.

[5]) Hierüber berichtet die pommersche Regierung im Jahre 1738 bezüglich des Zuchthauses zu Kolberg: R 49 A 1 G. i. C. 1737—44.

diese Weise im Laufe des 18. Jahrhunderts (bis 1798) ein Kapital von mehr als 16 000 Tlr. Gold zusammengespart [1]).

Eine andere Folge von der Notwendigkeit der Selbsterhaltung durch eigene Arbeit bestand darin, daß die Zuchthausbehörden sich heftig dagegen sträubten, arbeitsunfähige Personen aufzunehmen [2]). Leider war gerade in dieser Hinsicht das Verhalten der Aufsichtsbehörden und auch des Königs schwankend. Während bisweilen die Annahme von Kranken und arbeitsunfähigen Personen aller Bitten der Verwaltung ungeachtet einfach angeordnet wurde, so ergingen andererseits im Laufe des 18. Jahrhunderts zahlreiche Edikte, in denen Bestimmungen über die Aufnahmefähigkeit erlassen wurden und diese von dem Gesundheitszustand der einzuliefernden Person bis zu einem gewissen Grade abhängig gemacht wurde [3]). Diese Vorschriften aber waren widerspruchsvoll, ließen zahlreiche Zweifel bestehen und blieben daher ziemlich unbeachtet, wie die Magdeburger Akten ganz klar ergeben [4]).

d) Eine weitere allgemein übliche, aber bedeutend weniger sichere Einnahmequelle der preußischen Zuchthäuser bestand in den sogenannten „Rezeptionsgeldern". Dies waren Beträge, die für bestimmte Sträflinge nach bestimmten, für die einzelnen Anstalten verschiedenen Taxen gezahlt werden mußten [5]). In der

---

[1]) I Z 33 [70].

[2]) Darauf war schon in anderem Zusammenhange hinzuweisen. Vgl. oben S. 28.

[3]) Mylius Cont. I Sp. 83: Edikt vom 30. IX. 1737; ebenda Sp. 123: Reskript vom 26. I. 1738; Mylius NCC VII Sp. 2761: Reskript vom 23. II. 1784.

[4]) Wie vorsichtig die Zuchthausbehörden bei der Annahme von Delinquenten vorgingen, zeigt folgende Verfügung des Magdeburger Magistrats, I Z 33 [5] Bl. 175: „Detur zur resolution daß wann vermöge Königl. allergnädigsten reglements 2 Rthr 12 gr pro receptione erleget und daß er zur Arbeit, um sein Brodt zu verdienen, fähig sey, schriftl. Versicherung ertheilet worden, der Delinquent recipiret werden solle. Sign. Magd. d. 12ten Jan. 1727 (muß 1728 heißen). Kinderling, Consul."

[5]) Die Rezeptionsgebühren betrugen in:
Magdeburg: 2 Tlr. 12 Gr.
Halle: 2 Tlr.
Frankfurt a. O.: 8 Tlr.
Stargard: im Sommer 16 Gr., im Winter 1 Tlr.

Regel wurden Rezeptionsgebühren für die Aufnahme von Nichteinheimischen oder für solche Delinquenten gefordert, die infolge von Körperschwäche keine genügende Arbeitsleistung versprachen. In Küstrin unterschied man z. B. Züchtlinge aus königlichen Ämtern und Städten und solche aus den adeligen Dörfern; während für jene nur 1 Tlr. Aufnahmegeld zu zahlen war, mußten für diese noch 6 Tlr. für Bekleidung, Matratzen und Bettzeug entrichtet werden. Für eingelieferte Bettler zahlte die zuständige Armenbehörde in Magdeburg täglich 6 Pf. Kostgeld pro Kopf [1]); auch für arbeitsscheue junge Burschen, die im Zuchthaus ein Handwerk erlernen sollten, mußten in denersten Monaten, in denen sie noch wenig produktive Arbeit leisten konnten, regelmäßig gewisse Gebühren entrichtet werden.

Wie unsicher diese Einnahmequelle war, zeigen deutlich die äußerst zahlreichen Beschwerden des Magdeburger Magistrats. Im Jahre 1728 sind im Magdeburger Zuchthaus nur 36 Tlr. 12 Sbgr. an Rezeptionsgebühren eingegangen; danach könnten also nur 15 Züchtlinge eingeliefert worden sein, eine Zahl, die unter allen Umständen unrichtig ist. Im Jahre 1798 war in Magdeburg die Summe der nicht beigetriebenen Rezeptionsgelder infolgedessen auf beinahe 900 Tlr. angewachsen [2])!

2. In Anbetracht der die Zuchthäuser bedrückenden Geldnot wäre es zweckmäßig gewesen, an Stelle der zahlreichen kleinen, mit geringen Mitteln ausgestatteten Anstalten weniger Zuchthäuser, aber dafür größere zu errichten und diesen ausreichende Fonds zur Verfügung zu stellen. Man hätte, um dies durchführen zu können, mehrere Kreise oder sonstige Bezirke gewissermaßen zu Zweckverbänden zusammenschließen und durch diese die entstehenden Kosten tragen lassen müssen. Dieser Gedanke tauchte auch tatsächlich verschiedentlich im Laufe des 18. Jahrhunderts

---

Alt-Stettin: 10 Tlr. ans Zuchthaus, 8 Gr. an den Rechnungsführer, 10 Gr. an den Zuchtmeister.

Jauer: 8 Gr.

Kolberg: nichts.

Spandau: nichts.

[1]) R 49 A 1 G. i. C. 1737—44.

[2]) I Z 33 [70].

auf [1]), führte aber nur in wenigen Fällen zu greifbaren Ergebnissen. Erwähnung fand er bereits 1701, als zwischen Halle und Magdeburg ein Streit darüber entstand, ob es vorteilhaft wäre, in Halle ebenfalls ein Zuchthaus zu errichten, da doch im nahen Magdeburg gerade ein solches im Bau sei [2]). Magdeburg stellte sich auf den richtigen Standpunkt, daß die für eine neue Kleinanstalt aufzuwendenden Kosten besser dem halbfertigen Magdeburger Zuchthause zugute kämen, da dieses dann bedeutend umfangreicher ausgebaut werden könnte, hatte aber mit dieser Ansicht dem Könige gegenüber keinen Erfolg.

Ähnlich lagen die Verhältnisse in Pommern nach dem Siebenjährigen Kriege [3]). Das Kolberger Zuchthaus hatte unter dem Bombardement der Russen großen Schaden gelitten; die Anstalt zu Stolp, die schon vor dem Kriege auf schwachen Füßen stand, war während des Krieges völlig ruiniert worden. So wurde denn schon 1767 vorgeschlagen, die Zuchthäuser von Stargard, Kolberg und Stolp zu kombinieren und dafür eine große Anstalt zu bauen. Auch dieser Plan kam indessen nicht zur Verwirklichung; denn v. Arnim erwähnt zu Beginn des 19. Jahrhunderts noch die einzelnen Zuchthäuser [4]).

Durchgeführt wurde der Zweckverbandsgedanke lediglich in Spandau-Berlin, wo im Jahre 1724 die beiden bis dahin vorhandenen Anstalten zu einer Anstalt zusammengelegt wurden [5]).

Ob der im Jahre 1738 geplante Zusammenschluß der Provinzen Geldern, Cleve und Mörs zum Zwecke einer gemeinsamen Zuchthausgründung [6]) erfolgt ist, kann ich nicht entscheiden; v. Arnim erwähnt vielfach ein Zuchthaus zu Wesel, das möglicherweise als das Resultat dieses Vorhabens anzusprechen ist.

IV. 1. Die Zurückhaltung des Staates mit pekuniärer Unterstützung der Zuchthäuser äußert sich zum Schaden der

---

[1]) Vgl. schon Wächter S. 22. Vgl. auch oben S. 24 die Pläne Coccejis hinsichtlich der Gefängnisse.

[2]) I Z 33 [1].

[3]) R 9 C 6 c 1: Bericht der pommerschen Kriegs- und Domänenkammer vom 29. XII. 1770.

[4]) v. Arnim II S. 213.

[5]) Wagnitz II S. 218.

[6]) R 49 A 1 G. i. C. 1737—44.

Anstalten auch darin, daß an fast allen Zuchthäusern viel zu wenig Beamtenpersonal angestellt war und daß sich dieses aus minderwertigen Arbeitskräften zusammensetzte, deren Dienste der Staat für eine geringe Besoldung haben konnte [1]). Die Folge war, daß die wenigen Beamten mit Arbeit entschieden überlastet waren und daß infolgedessen die Aufsicht über die Gefangenen oft ungenügend und mangelhaft war.

Von der Oberaufsicht über die Zuchthäuser haben wir bereits oben gesprochen [2]). Den dort genannten Behörden war für die innere Verwaltung der Zuchthäuser in der Regel ein Inspektor oder Vorsteher verantwortlich, dem die Aufsicht über die gesamte Ökonomie oblag [3]). Unter ihm [4]) arbeiteten regelmäßig ein Hausvater, der für die Verpflegung, die Arbeitsbeschaffung und den Absatz der hergestellten Arbeiten zu sorgen hatte, ein Werkmeister oder Spinnmeister, unter dessen unmittelbarer Aufsicht und Anleitung die Züchtlinge arbeiteten, ein Zuchtmeister, dessen Amt es war, für die Wahrung der Hausordnung und die Vollziehung der verhängten Disziplinarstrafen einzustehen, und schließlich noch Türschließer, Zuchtknechte und dergleichen mehr. Einheitliches läßt sich über die Besetzung der einzelnen Anstalten mit Beamten nicht sagen. Während an manchen Zuchthäusern sämtliche erwähnten Beamtengattungein in mindestens einfacher Besetzung vertreten waren [5]), waren wieder andere Anstalten, wie Stargard und Breslau, nur äußerst dürftig mit Beamten besetzt [6]). In den Anstalten, die nach dem Unternehmersystem geleitet wurden, vertrat der Unternehmer regelmäßig auch die Stelle des Hausvaters, übernahm also selbst die Verpflegung und die Sorge für die Arbeitsbeschaffung.

---

1) Vgl. vor allem v. Arnim II S. 169 ff.

2) Vgl. oben S. 29 ff.

3) I Z 33 [70].

4) Bisweilen gab es auch mehrere Inspektoren.

5) Das Zuchthaus zu Jauer hatte 2 Direktoren, 2 Inspektoren, 1 Kontrolleur (für das Kassenwesen), 1 Prediger, 1 Medikus, 1 Chirurgus, 1 Krankenwärter, 6 Zuchtknechte, 2 Nachtwächter, 1 Pförtner und 1 Werkmeister. Wagnitz I S. 349.

6) Stargard: 1 Inspektor und 1 Zuchtmeister (v. Arnim II S. 170); Breslau: 1 Spinnmeister, 1 Sekretär, 1 Köchin (Wagnitz I S. 369/9).

Die Auswahl der Beamten erfolgte nicht nach allgemein festgelegten Prinzipien und ohne Rücksicht auf den Bildungsgrad [1]) der in Aussicht genommenen Anwärter. Vielfach galten die Verwaltungsposten als Versorgungsstellen für ausgediente oder kriegsinvalide gewordene Unteroffiziere [2]) oder auch für stellungslos gewordene Tuchmacher. Unvermeidlich war es daher, daß oft moralisch minderwertige Geschöpfe als Angestellte in die Strafanstalten kamen. Da die Bezahlung zu schlecht war, so meldeten sich, wie es in einer Beschwerde des Magdeburger Hausvaters einmal heißt [3]), selten „ehrliche Menschen". Infolge des Beamtenmangels mußten mitunter die Arbeiten der fehlenden Beamten sogar von Gefangenen mitverrichtet werden, was naturgemäß zu Unzuträglichkeiten führen mußte.

Die höheren Beamten, wie Direktoren, Geistliche, Ärzte und Lehrer, verwalteten ihre Stellen an den Zuchthäusern zumeist neben- und ehrenamtlich; nur für die Geistlichen finden sich öfters Gehälter angesetzt [4]). Die unteren Beamten waren stets besoldet, wohnten im Zuchthause selbst in Dienstwohnungen und erhielten außerdem gewisse Naturalien, wenn ihnen nicht, wie es in Schlesien vorkam, Gewinnbeteiligung zugebilligt wurde. Da die Gehälter durchweg sehr gering waren, so waren die Beamten vielfach noch auf Nebenerwerb angewiesen, der nicht selten im Branntweinhandel [5]) an die Züchtlinge bestand, und oft auch außerhalb der Anstalt zum Schaden der letzteren gewerblich tätig [6]).

2. Die glänzenden Erfolge, die den Ruhm der holländischen und hanseatischen Strafanstalten begründet hatten, beruhten auf der Einführung eines regelmäßigen, die Schaffung wirtschaftlicher Werte bezweckenden Arbeitsbetriebes [7]). Gerade des-

[1]) Streng S. 81 führt hierauf die Hauptmängel der damaligen Zuchthäuser zurück.

[2]) v. Arnim II S. 175; I Z 33 [70] Bl. 1.

[3]) I Z 33 [4].

[4]) R 9 C 6 c 1. Der Spandauer Prediger z. B. erhielt 40 Rtlr. jährlich.

[5]) Im Königsberger Zuchthaus war dies üblich gewesen, infolge der allgemeinen Revision im Jahre 1769 aber abgeschafft worden. R 9 C 6 c 1: Acta de 1769 ff.

[6]) v. Arnim II S. 174.

[7]) Statt vieler: Krohne Hdwb. S. 532/33.

wegen zweifelte damals niemand mehr an der Nützlichkeit der Zuchthäuser überhaupt. Regierung und Volk schenkten ihnen Beachtung und Interesse. Auch in Brandenburg-Preußen, wo, wie wir gesehen haben [1]), die Anlegung der Zuchthäuser wesentlich unter wirtschaftspolitischen Gesichtspunkten erfolgt ist, haben diese der Anstaltsarbeit ihren Stempel aufgedrückt und die Stellung der Regierung zu ihr bestimmt.

Mit Schutzprivilegien aller Art [2]) stattete der Staat daher die Zuchthäuser aus, um ihre Arbeit lukrativ zu gestalten. Die einzelne Anstalt wurde in der Regel mit einem Generalprivileg „für alle Manufacturen und Fabriquen“ [3]) ausgestattet; für die ins Ausland gehenden Waren wurde Akzisefreiheit gewährt; allerdings wurde, um einen Überblick über die in den Anstalten hergestellten Produkte zu behalten, vielfach bestimmt, daß die Waren stückweise zur Akzise anzumelden, mit dem gewöhnlichen Steuerstempel zu versehen und erst dann dem Verkehr zu übergeben seien [4]). Auch die für die Zuchthäuser eingeführten Rohprodukte unterlagen zunächst dem Akzisezwang. Man wollte wohl vermeiden, daß angeblich für Zuchthäuser eingeführte Rohstoffe nachher anderweitig in den Handel übergingen, falls sie ohne Akzise hätten eingeführt werden können. Die Zuchthauskasse erhielt aber jährlich 50 Rtlr. zurückerstattet [5]), so daß im Ergebnis die eingeführten Stoffe akzisefrei blieben. Auch die Zufuhr an Konsumtibilien war, soweit sie für die Gefangenen erfolgte, frei von öffentlichen Abgaben; was aber der Unternehmer für eigene Bedürfnisse anschaffte, unterlag dem Akzisezwang insofern, als er dafür jährlich ein Fixum zu zahlen hatte [6]).

Im allgemeinen dürfte hier einmal eine ziemlich weitgehende Gleichmäßigkeit in der Behandlung der einzelnen Anstalten festzustellen sein; beachtenswert ist in dieser Hinsicht jedenfalls

---

[1]) Oben S. 6 ff.
[2]) v. Hippel in Ztschr. 18 S. 444 berichtet dasselbe für Holland.
[3]) Mylius NCC II Sp. 17.
[4]) R 9 C 6 c 1.
[5]) R 9 C 6 c 1: Spandauer Pachtvertrag von 1715.
[6]) R 9 C 6 c 1: eodem.

das Königsberger Notifikationspatent, wo wir über die Privilegierung der Anstalt die Bestimmung [1]) finden:

„... insonderheit daß darunter nebst der Befreyung von allen und jeden Städtschen und bürgerlichen Oneribus und Obliegenheiten, als Grund-Zinß, Kirchen-Decem, Servies, Einquartierung, oder wie die sonst Nahmen haben oder künftig angeordnet werden mögen, auch die Befreyung von der Konsumtions-Akzise verstanden und mitbegriffen seyn soll, womit es dergestalt wie bey andern dergleichen Etablissements oder Hospitälern und milden Stifftungen gebräuchlich, gehalten, mithin die Accise zur Verhütung der Unterschleife zwar erleget, hiernächst aber das betragende davon dem Arbeits- und Spinnhause zurück gezahlt werden muß".

Mit Rücksicht auf diese Privilegierungen verlangte der Staat aber auch tüchtige Arbeitsleistungen. Nicht selten ergingen königliche Anordnungen, die die Versorgung der Anstalten mit ausreichender Arbeit zum Gegenstande hatten. Den Handwerkern in Städten, in deren Mauern sich Zuchthäuser befanden, wurde wiederholt ans Herz gelegt, den Anstalten Wolle zur Spinnerei und Färbholz zum Raspeln zu geben. Den Magistraten „Französischer und Pfältzer Colonie der alten Stadt Magdeburg" wurde einst befohlen,

„die Ihrigen auf alle Weise dazu zu disponiren zu suchen, und soweit möglich dahin zu trachten, damit genugsame Arbeit den Züchtlingen verschaffet werde" [2]).

Auch in den mit Entrepreneurs geschlossenen Kontrakten findet sich meistens die Bestimmung, daß eine ausreichende Arbeitsbeschaffung zur Pflicht des Unternehmers gehöre. Den Aufsichtsbeamten der Zuchthäuser aber wurde strengstens befohlen, darauf zu achten, daß die in der Anstalt ausgeführte Arbeit tadellos wäre und den „Verlegern" keinen Anlaß zur Klage böte [3]).

Die gebräuchlichsten Arbeiten, die man von den Züchtlingen ausführen ließ, waren Weberei- und Spinnereiarbei-

[1]) Mylius NCC II Sp. 16. R 49 A 1 G. i. C. 1737—44: Magdeburger Bericht.
[2]) R 49 A 1 G. i. C. 1737—44: Magdeburgischer Bericht.
[3]) R 49 A 1 G. i. C. 1737—44: eodem.

ten. Sie nahmen den größten Teil der in den Zuchthäusern geleisteten Arbeit schon deshalb in Anspruch, weil die Zuchthäuser zum größeren Teil mit Weibern besetzt waren [1]) und von diesen kaum andere Arbeiten verlangt werden konnten. Daneben war aber auch das Holzraspeln, d. h. die Verarbeitung brasilianischer Farbhölzer mittels besonderer Sägen, sehr gebräuchlich, ja sogar schon in dem Großen Friedrichs-Hospital zu Berlin [2]) für die dort provisorisch untergebrachten Landstreicher und Bettler eingeführt worden. Im Magdeburger Zuchthaus wurde ferner auch eine Stampfmühle betrieben, die durch zwei Züchtlinge abwechselnd getreten werden mußte [3]). Im Zuchthaus zu Frankfurt a. O. endlich wurden nach einem Bericht aus dem Jahre 1738 [4]) die Züchtlinge auch dazu benutzt, die öffentlichen Plätze und Tore der Stadt zu reinigen.

Die grundlegende Bedeutung, die der Zuchthausarbeit beigemessen wurde, brachte es mit sich, daß die Züchtlinge unter strengem Arbeitszwange standen. Ausnahmen von diesem Prinzip hat es kaum gegeben; jedenfalls waren sie, wenn sie vorkamen, das sicherste Zeichen des Verfalls für die betreffende Anstalt. Soweit ich feststellen konnte, ist von dem Grundsatze des Arbeitszwanges auch nur in den pommerschen Zuchthäusern Stettin, Stargard und Kolberg [5]) abgewichen worden, Anstalten,

---

[1]) In den Akten R 9 C 6 c 1 befindet sich eine Liste über die in den Jahren 1763—1770 durch richterliches Urteil ins Spandauer Zuchthaus geschickten Personen. Daraus ergeben sich folgende Zahlen für die Belegung mit Männern und Weibern:

1763:	21 Weiber,	12 Männer
1764:	41 "	23 "
1765:	39 "	20 "
1766:	26 "	10 "
1767:	27 "	9 "
1768:	38 "	17 "
1769:	58 "	32 "
1770:	27 "	19 "

[2]) Mylius CC I II Sp. 136 ff.

[3]) I Z 33 [70].

[4]) R 49 A 1 G. i. C. 1737—44.

[5]) v. Arnim II S. 213.

deren Verfall durch den Siebenjährigen Krieg besiegelt worden war.

Die Arbeit begann in sämtlichen Anstalten in frühester Morgenstunde, in der Regel um 5 Uhr, und dauerte, von den nötigen Essenspausen und Betstunden abgesehen, etwa 15, in Magdeburg sogar 17 Stunden, also regelmäßig bis 8 Uhr abends[1]). Im Winter wurde in manchen Anstalten später als im Sommer begonnen.

Über die Arbeitspensa Einzelheiten zu bringen, würde im Rahmen dieser Arbeit zu weit führen, da dies in allen Anstalten verschieden gehandhabt wurde und jede einheitliche Regelung auf diesem Gebiete fehlte. Die Kontrolle der geleisteten Arbeit erfolgte teils täglich[2]), teils aber auch nur wöchentlich. Im letzteren Falle kam es leicht zu Mißständen, besonders dann, wenn infolge Mangels an genügendem Aufsichtspersonal der einzelne Sträfling hinsichtlich seiner täglichen Arbeitsleistung sich nicht genügend beobachtet fühlte. Der Züchtling arbeitete dann an den einzelnen Tagen nicht gleichmäßig und gleichwertig, ja er ließ sich wohl auch von anderen, die schneller arbeiteten, einen Teil seiner Arbeit abnehmen. v. Münchhausen rügte diese Mängel beim Zuchthaus zu Spandau unter gleichzeitigem Hinzufügen, daß sie in erster Linie auf das Unternehmersystem zurückzuführen[3]) seien, da es den Entrepreneurs lediglich auf den aus der Anstalt zu ziehenden Nutzen, nicht aber auf die Besserung des einzelnen Züchtlings ankomme. Dieser energischen Beschwerde v. Münchhausens (10. April 1769) ist es zu danken, daß eine Generalkontrolle sämtlicher Zuchthäuser Preußens erfolgte, über die die Akten des Geheimen Staatsarchivs zu berichten wissen.

---

[1]) Die Arbeitszeit dauerte in:

Jauer	von 4—8	(Sommer),	6—8	(Winter),
Breslau	„ 5—8	„	5—8	„
Spandau	„ 5—8	„	5—8	„
Berlin	„ 5—8	„	5—8	„
Magdeburg	„ 4—9	„	$^1/_2$5—9	„

Vgl. Wagnitz S. 343 ff., Rosenfeld in Ztschr. 26 S. 6.

[2]) So war es z. B. in Magdeburg.

[3]) R 9 C 6 c 1: acta de 1769 ff.

Welche Bedeutung der aus der Anstaltsarbeit erzielte Geldgewinn für das einzelne Zuchhaus hatte, ist bereits oben [1]) auseinandergesetzt worden. An dieser Stelle soll der Arbeitsprämie einige Beachtung gewidmet werden. In Holland [2]) hatte man ihre Bedeutung für den einzelnen Sträfling bereits klar erkannt. Was dagegen die preußischen Verhältnisse betrifft, so ist jede Einsicht in dieser Richtung zu vermissen. Der Arbeitsverdienst sollte zur Verpflegung des Sträflings und zur Unterhaltung der Anstalt dienen. Dieses Ziel suchte man auf verschiedenen Wegen zu erreichen: Herrschte in einer Anstalt Unternehmerbetrieb, so floß der Arbeitsverdienst entweder in toto dem Unternehmer zu, und dieser mußte dann von sich aus die Insassen der Anstalt beköstigen; oder aber der Unternehmer vergütete den Gefangenen ihre Arbeit nach einer bestimmten Taxe, zahlte ihnen das Geld aus, und die Gefangenen beköstigten sich dann selbst davon [3]). Stand die Anstalt in staatlicher Regie, so floß der Arbeitsverdienst stets in die Zuchthauskasse, aus welcher alle Ausgaben bestritten wurden.

Von einer eigentlichen Arbeitsprämie konnte also keine Rede sein. In seltenen Fällen nur wurde ein Überverdienst, d. h. ein Entgelt für die über das eigentliche Arbeitspensum hinaus geleistete Arbeit, gewährt. Wagnitz [4]) erwähnt eine Vergütung für Überpensa im Zuchthause zu Breslau. In Spandau mußten die das Raschmachergewerbe erlernenden jungen Leute täglich 4 Ellen liefern; für jede Elle darüber erhielten sie 6 Pf., und zwar 3 Pf. sofort, 3 Pf. bei ihrer Entlassung. Gegen Ende des 18. Jahrhunderts wurde dann eine allgemeinere Bestimmung dahin erlassen [5]), daß der nicht zur Verpflegung der Gefangenen verwendete Verdienst ihnen nach der Entlassung auszuhändigen sei; außerdem sollten zur Aufmunterung und Hebung des Fleißes dann und wann kleine Prämien verteilt werden.

Die Tatsache, daß ein Teil des für Überpensen vergüteten

---

[1]) Oben S. 36 ff.

[2]) v. Hippel in Ztschr. 18 S. 461.

[3]) So z. B. in Küstrin.

[4]) Wagnitz I S. 360.

[5]) Mylius NCC. X Sp. 191 ff.

Betrages erst nach der Entlassung aus dem Zuchthause zur Auszahlung kam, zeigt, daß man die Anstaltsarbeit dann und wann doch schon im Hinblick auf die spätere Existenz des Züchtlings betrachtete. Wollte man einerseits durch den Arbeitszwang den Delinquenten oder Arbeitsscheuen erzieherisch beeinflussen, so beabsichtigte man andererseits, ihm durch seine Arbeit das spätere Fortkommen in der Freiheit zu erleichtern. Ganz besonders häufig äußerte sich dies Bestreben Jugendlichen gegenüber. Sie sollten in der Anstalt ihre regelrechte Handwerksausbildung erhalten. Besonders im Arbeitshaus zu Königsberg, Magdeburg und Spandau wurde hierauf Gewicht gelegt. Der Spandauer Anstaltspächter mußte sich kontraktlich verpflichten, einen tüchtigen Raschmachermeister oder Gesellen zu halten, der die jungen Leute in einer Manufaktur unterweisen könne [1]). Die Mehrausgaben, die den Unternehmern dadurch entstanden, wurden ängstlich gedeckt. Entweder mußte der „wegen der Lehre" entstandene Schaden seitens des Gefangenen ersetzt werden [2]), oder die Strafzeit wurde verlängert, damit der anfängliche Ausfall durch längere Ausnutzung der Arbeitskräfte wieder wettgemacht wurde. So galt im Berliner Zuchthaus [3]) der Grundsatz, daß jeder, der noch nicht spinnen konnte, mindestens 13 Monate, eingelieferte zwölfjährige Kinder aber auf jeden Fall mindestens 3 Jahre in der Anstalt bleiben müßten. Auf diese Weise deckte sich der Staat gegenüber den Beschwerden der Unternehmer.

Nicht weniger schwierig war das Verhältnis zu den Zünften und Gilden. Dadurch, daß das Zuchthaus auch Zwecken der Strafrechtspflege dienstbar gemacht wurde, erhielt es einen immerhin etwas infamierenden Beigeschmack. Abneigung gegen ehemalige Züchtlinge, mochten sie auch nicht als Verbrecher eingeliefert gewesen sein, war die unausbleibliche Folge. Die Zünfte duldeten sie nicht in ihren Matrikeln. Es bedurfte daher schon zu Anfang des 18. Jahrhunderts einer Reihe staatlicher Maßnahmen, sollte

---

[1]) R 9 C 6 c 1: 1715.

[2]) So in Spandau, falls der Gefangene weniger als 6 Monate in der Anstalt blieb: R 9 C 6 c 1.

[3]) Rosenfeld in Ztschr. 26 S. 8.

der höhere Zweck der Zuchthäuser nicht ganz vereitelt werden. So ergingen am 28. August 1710 und am 10. November 1716 Edikte, in denen angeordnet wurde, daß die im Zuchthause zu Spandau angelernten jungen Leute, falls sie ein Attest vom Kommandanten oder Gouverneur vorlegen könnten, zu den Zünften als Meister oder Gesellen zugelassen werden und das Bürgerrecht erhalten müßten; Zuwiderhandlungen wurden mit einer Geldstrafe von 50 Rthlr. bedroht [1]).

Ganz ähnliche Bestimmungen wurden auch später im Hinblick auf andere Zuchthäuser erlassen [2]).

3. Zum Schlusse unserer Erörterung über die Zustände in den preußischen Zuchthäusern sei noch die Unterbringung und Verpflegung der Zuchthausgefangenen untersucht und zu diesem Zwecke zunächst den Baulichkeiten der alten Zuchthäuser unsere Aufmerksamkeit geschenkt.

Die Gebäude, die wir im 18. Jahrhundert als Zuchthäuser in Gebrauch finden, waren in der Regel ursprünglich anderen Zwecken gewidmet [3]); Klöster oder Privathäuser wurden einem Umbau unterzogen und dann mit Sträflingen besetzt [4]). Eine großzügige Anlage, wie sie das Amsterdamer Zuchthaus für damalige Zeiten darstellt, ist mir hinsichtlich Preußens unbekannt. Tatsache aber ist, daß die Zuchthäuser, mögen die Räume anfangs auch ausgereicht haben, im Laufe des 18. Jahrhunderts sämtlich zu klein wurden und ihren Zwecken nicht gerecht werden konnten. v. Arnim hat daher mit Recht die Kleinheit der Anstalten beklagt, die sich um so fühlbarer machte, als die (allerdings nicht zahlreichen) Beamten regelmäßig in den Zuchthäusern selbst ihre Dienstwohnungen hatten.

Es kann hier nicht die Aufgabe sein, eine Schilderung von den Baulichkeiten auch nur einzelner Zuchthäuser zu geben. Festgestellt sei nur, daß es an jedem Bausystem während des

[1]) Rosenfeld in Ztschr. 25 S. 155 ff.

[2]) Mylius NCC. II Sp. 15 ff.

[3]) Kade S. 93.

[4]) In Magdeburg benutzte man das Augustinerkloster; in Spandau wurde ein Haus der Standesherren v. Lynar eingerichtet.

ganzen 18. Jahrhunderts noch gefehlt hat. Da man an eine systematische Klassifikation der Gefangenen nicht dachte, so finden wir auch keine dementsprechende Einteilung der Räume. Ein Fortschritt im Vergleich zu den Gefängnissen machte sich allerdings insofern bemerkbar, als regelmäßig wenigstens Männer und Weiber getrennt wurden; freilich mitunter primitiv; denn in Magdeburg z. B. bestand die Trennung der Arbeitsräume, in denen die Woll- und Spinnarbeiten hergestellt wurden, lediglich darin, daß der „große Arbeitssaal" im Obergeschoß durch einen Bretterverschlag in zwei Abteilungen geteilt wurde [1]), in deren einer die Männer, in deren anderer die Frauen zu arbeiten hatten. In manchen Anstalten war es allerdings bis zum Ausgange des 18. Jahrhunderts üblich, daß die beiden Geschlechter während der Arbeit zusammenblieben [2]); eine Trennung des Nachts dürfte wohl ausnahmslos stattgefunden haben [3]).

Schon in an sich gut geleiteten Anstalten, wie Magdeburg und Jauer, waren die vorhandenen Räume, besonders die Schlafräume zu klein. So mußten denn zum Arbeiten auch andere Räume, die dafür eigentlich nicht vorgesehen waren, mitbenutzt, insbesondere die Arbeiten vielfach auch in den Schlafräumen verrichtet werden [4]), obwohl an und für sich das Bestreben bestand, die Schlafsäle dazu nicht herzugeben.

Von der notdürftigen Trennung der Geschlechter abgesehen, war es um die Klassifizierung der Sträflinge schlecht bestellt. In der Regel erfolgte eine solche lediglich nach den Arbeitszwecken, nicht aber nach der Moralität und Individualität der Insassen. Dabei soll nicht geleugnet werden, daß sich schwache Ansätze, die auf eine systematische Klassifizierung hindeuten,

---

[1]) I Z 33 [70] Bl. 1 ff.

[2]) So war es z. B. in Frankfurt a. O., Stettin, Kolberg (v. Arnim II S. 227) und Breslau (Wagnitz I S. 359). Wir finden diese Verhältnisse in erster Linie also in den minderwertigen Anstalten.

[3]) Nach den Akten des Magdeburger Stadtarchivs hatte Magdeburg getrennte Schlafräume. I Z 33 [70] Bl. 1 ff. Vgl. im übrigen auch Wagnitz I S. 359 und II S. 219; v. Arnim II S. 190 und S. 227.

[4]) z. B. in Halberstadt: v. Arnim II S. 190.

hier und da schon aufweisen lassen. Im Zuchthaus zu Brieg [1]) wurden z. B. die cum infamia Verurteilten in besonderen Stuben untergebracht, in Halle [2]) aßen die Schwerverbrecher an besonderen Tischen, und in Breslau [3]) wurden die kriminell Verurteilten von den polizeilich Detinierten und den freiwilligen Insassen abgesondert. Von solchen spärlichen Versuchen abgesehen, ist in praxi eine Klassifizierung selbst zu Arnims Zeiten noch nicht durchgeführt worden, obwohl man theoretisch die Notwendigkeit längst eingesehen und mehr oder weniger energisch gegen das bestehende System protestiert hatte [4]). Wie aber hätte dies geschehen können, wenn, wie in Jauer, für 150 Züchtlinge nur 6 Stuben zur Verfügung standen und sämtliche Anstalten der Monarchie im Laufe der Zeit weit stärker belegt wurden, als man ursprünglich erwartet hatte.

Hinsichtlich der Verpflegung der Züchtlinge war in der Regel Anstaltsbeköstigung vorgeschrieben. Das Prinzip der Selbstbeköstigung herrschte nur in Anstalten, wie Stettin, Stargard, Kolberg und Küstrin [5]), und für Spandau ordnete der König im Interesse einer Kostenersparung an, daß sich im dortigen Zuchthause Personen von Stand selbst zu beköstigen hätten [6]). Die Qualität der Verpflegung war natürlich ganz verschieden, soll aber nach v. Arnims [7]) Berichten in den nach dem Unternehmersystem geleiteten Zuchthäusern höchst mangelhaft gewesen sein. Als vorteilhaft demgegenüber rühmt v. Arnim die Beköstigung z. B. in Magdeburg [8]). Nach den Magdeburger Akten [9]) lautete der Speisezettel des dortigen Zuchthauses folgendermaßen:

---

[1]) Wagnitz I S. 344.

[2]) Wagnitz II S. 109.

[3]) Wagnitz I S. 356.

[4]) R 49 A 1 G. i. C. 1760—74: Stadtrichter Schmidt in seiner oben S. 33 erwähnten Eingabe.

[5]) R 9 C 6 c 1: acta de 1769 ff. v. Arnim II S. 205.

[6]) R 49 A 1 G. i. C. 1737—44.

[7]) v. Arnim II S. 226.

[8]) Nach v. Arnim a. a. O. soll hier die Beköstigung in Entreprise gegeben sein. Die Akten bestätigen dies nicht; es liegt also wohl bei v. Arnim ein Irrtum vor.

[9]) I Z 33 [5] Bl. 61.

Wochentag	Mittagskost		Abendkost		Zubrot		Summe des Preises
	Gericht	Preis	Gericht	Preis	Gericht	Preis	
Sonntag ...	Fleisch m. Vorkost	8 ₰	—	—	Brot u. Kofent (Bier)	7½ ₰	15½ ₰
Montag ...	Erbsen	3 ₰	Mehlsuppe	2 ₰	„	7½ ₰	12½ ₰
Dienstag...	Klump	3 ₰	Brei	2 ₰	„	7½ ₰	12½ ₰
Mittwoch ..	Suppe	2 ₰	Grütze od. Brei	2 ₰	„	7½ ₰	11½ ₰
Donnerstag	Rüben oder Kohl	2½ ₰	—	—	„	7½ ₰	10 ₰
Freitag	Rüben oder Klump	2½ ₰	Mehlsuppe	2 ₰	„	7½ ₰	12 ₰
Sonnabend.	Grütze od. Brei	2½ ₰	—	—	„	7½ ₰	10 ₰
							7 Gr.

Ganz ähnlich war der Spandauer Speisezettel zusammengestellt. Auch hier erhielten die Gefangenen Sonntags Fleisch und Gemüse und an den anderen Tagen Erbsen, Graupen, Grütze oder Mehlbrei. Abends aber gab es stets nur Brot und Bier (sogen. Kofent); auch hier kostete die Verpflegung wöchentlich 7 Gr. für jeden Insassen [1]). In andern Zuchthäusern ging es bedeutend dürftiger zu. So hatte Halle vier Hungerabende, an denen es nur Brot gab [2]), und in Breslau erhielten die Züchtlinge nie Fleisch oder Bier; auch wurde hier zwischen den Sträflingen und den nur polizeilich Detinierten insofern ein Unterschied gemacht, als die ersteren schlechter ernährt wurden. Auch für Jauer wird von Wagnitz ausdrücklich eine mäßige Kost erwähnt. Bezeichnend ist aber immerhin für die Zuchthäuser im Vergleich zu anderen Strafanstalten damaliger Zeit das Prinzip, den Züchtling zwar „notdürftig", aber doch so zu ernähren, daß er arbeitstüchtig und gesund blieb [3]). In Magdeburg ging dies so weit, daß die Insassen, die schwerer zu arbeiten hatten, auch bessere

[1]) Vielleicht läßt diese Ähnlichkeit Beziehungen zwischen Spandau und Magdeburg vermuten, von denen Wagnitz (II S. 196) spricht. Die Magdeburger Akten erwähnen nicht, daß Spandau für Magdeburg das Vorbild war; es ist dies auch sehr unwahrscheinlich, da das Magdeburger Zuchthaus mindestens gleichzeitig mit dem Spandauer Zuchthaus angelegt ist, wenn nicht sogar früher.

[2]) Wagnitz II S. 112.

[3]) R 49 A 1 G. i. C. 1737—44: Magdeburger Zuchthausordnung vom 14. Mai 1727.

4*

Kost bekamen. Die Raspler wurden daher auf die doppelte Ration an Brot, Bier und Wasser gesetzt und wöchentlich noch mit besonderen Fleischrationen versehen.

Wenn wir zugeben dürfen, daß die Verpflegung wenigstens in den besseren Zuchthäusern eine leidliche gewesen sein kann, so ist demgegenüber in den sonstigen sanitären Verhältnissen eine erschreckende Mangelhaftigkeit zu konstatieren. v. Arnim [1]) rühmt in dieser Hinsicht die Anstalten von Magdeburg, Halle, Halberstadt und Jauer. Prüfen wir aber das Aktenmaterial, so erkennen wir, daß es schon in diesen Musteranstalten traurig genug aussah, können also darauf schließen, wie es in den kleineren minderwertigen Zuchthäusern bestellt gewesen sein mag. Vom Magdeburger Zuchthaus berichten zwar auch die handschriftlichen Quellen [2]) eine tägliche Reinigung und Lüftung der Räume; aber das große Inventar von 1729 [3]) führt als dazu vorhandene Instrumente nur 1 Waschfaß, 3 Eimer und 1 Handbesen auf. In Halle wurden die Arbeitsstuben nur alle 8 Tage, die Schlafräume nur alle 4 Wochen gescheuert [4]).

Auch für die persönliche Reinlichkeit der Gefangenen wurde so gut wie gar nicht gesorgt. Wagnitz [5]) hebt es als etwas Besonderes hervor, daß sich die Gefangenen in Jauer zweimal täglich, in Halle wenigstens an jedem Morgen waschen mußten. Bezeichnenderweise finden wir in dem sehr ausführlichen Bericht des Magdeburger Hausvaters über die dortige Hausordnung nichts Derartiges angegeben. Von den kleineren Zuchthäusern [6]) war natürlich auch in dieser Hinsicht nichts zu erwarten.

Auf die Heizbarkeit der Räume wurde vielfach geachtet; jedenfalls konnten in den besseren Zuchthäusern stets einige

[1]) v. Arnim II S. 202.

[2]) I Z 33 70. Vgl. auch Wagnitz I S. 344 und 363 bezüglich Jauer und Breslau.

[3]) I Z 33 7 Bl. 143.

[4]) Wagnitz II S. 108.

[5]) Wagnitz II S. 108 u. I S. 346.

[6]) Für die Gefangenenstube des Berliner Friedrich-Hospitals findet sich folgende naive Reinlichkeitsvorschrift: „Damit ihre Zimmer reyne seyn, so werden sie (sc. die Gefangenen) des Tages dreymal, als Morgends, Nachmittags und Abends an gehörige Örter geführt und in dem Gefangen-Zimmer kein Nacht-Geschirr geduldet.“ Mylius CC I II Sp. 144.

Räume geheizt werden, so in Magdeburg, Spandau und in den schlesischen Zuchthäusern. Aber die Sucht, zu sparen, führte auch in diesen Anstalten im Winter zu groben Mißständen, insofern als jegliche Klassifizierung der Gefangenen aufgehoben und alle Insassen möglichst in einem Raume untergebracht wurden, um Heizmaterial zu sparen [1]).

Von einer Möglichkeit, erkrankte Züchtlinge zu pflegen, hören wir nur wenig. Es werden zwar für Jauer, Breslau, Magdeburg und auch sonst Krankenstuben erwähnt [2]), aber dazu nahm man kleine Kammern, die sonst unbrauchbar waren. Die Ärzte versorgten die Zuchthäuser nur nebenamtlich, mitunter, wie z. B. in Magdeburg, sogar unentgeltlich; war aber ein Gehalt ausgeworfen, so war es äußerst niedrig bemessen. Es sollen Gehälter von 10 Rthr. im Jahre vorgekommen sein [3]), und dabei hatte der Arzt oft noch die Medikamente unentgeltlich zu liefern und in Fällen, wo er nicht sicher diagnostizieren konnte, auf eigene Kosten einen zweiten Arzt zuzuziehen [4]). Die Krankenversorgung war demgemäß minderwertig, und die Folge davon war eine beträchtliche Sterblichkeit. Erwähnt sei hierfür als Beispiel das Zuchthaus zu Brieg, wo in den Jahren 1777—1786 jeder 12. Kranke verstarb [5]). Praktischer war es demgemäß, wenn man erkrankte Gefangene einem Hospital überwies, wie dies auch in Königsberg und Spandau geschah [6]).

Krankheit des Züchtlings hatte in manchen Anstalten (Bres-

---

[1]) I Z 33 [70]. Wagnitz II S. 112 (Halle). In den Akten I Z 33 [70] Bl. 46 wird zu einer Bemerkung Wagnitz' (II S. 196) Stellung genommen, in der dieser behauptet, in Magdeburg hätte nur ein Raum für alle Gefangenen existiert. Gerade diese Angaben von Wagnitz sind in die moderne Literatur (vgl. z. B. Kade S. 93 ff.) übergegangen, und Magdeburg wird daraufhin als abschreckendes Beispiel hingestellt, was es sicher nicht war.

[2]) Wagnitz I S. 348 u. S. 364.

[3]) v. Arnim II S. 210.

[4]) Diese Verpflichtung hatte der Arzt nach v. Arnim II S. 211 in Emden, wo er 25 Rthr. Gehalt erhielt.

[5]) Wagnitz a. a. O.

[6]) R 9 C 6 c 1: Bericht der Spandauer Zuchthausdirektion vom 25. August 1782; Mylius NCC. II Sp. 18.

lau [1]), Spandau [2])) eine der Krankenzeit entsprechende Verlängerung der Strafdauer zur Folge. In Küstrin war dies dann der Fall, wenn der Patient dem Unternehmer nicht die durch die Krankheit entstandenen Kosten ersetzen konnte [3]). Allgemeine Grundsätze lassen sich aber auch hier nicht aufstellen.

Die notwendige Disziplin wurde in den Zuchthäusern erforderlichenfalls durch Disziplinarstrafen durchgesetzt; diese dienten insbesondere der Durchführung des Arbeitszwanges. Leider haben die leitenden Staatsorgane keine allgemeinen Bestimmungen über die Arten und die Verhängung der Strafen getroffen; wir stehen daher auch an dieser Stelle einer großen Verworrenheit der Gebräuche gegenüber. Das wichtigste Disziplinarmittel war die Prügelstrafe; daneben kam Kostschmälerung, Fesselung und Arrest vor. Das Recht, Strafen zu verhängen, stand den verschiedensten Organen zu. Während z. B. in Magdeburg nur die Inspektoren Disziplinarstrafen verhängen durften und dem Hausvater hierzu kein Recht zustand, hatten in Jauer sogar die untergeordneten Zuchtknechte die Befugnis, 2—3 Hiebe auszuteilen [4]). In Breslau mußten höhere Beamte bei der Vollstreckung anwesend sein [5]). Auch den Unternehmern konnte das Züchtigungsrecht erteilt werden; der Spandauer Vertrag von 1715 enthält dabei keinerlei Kautelen für die Züchtlinge [6]), sondern warnt den Unternehmer lediglich vor Exzessen.

Nicht zu den Disziplinarstrafen gehörten der „Willkommen“ und „der Abschied“; auf diese körperlichen Züchtigungen wurde vielmehr durch gerichtliche Sentenz erkannt. Die ganze Einrichtung ist als eine Konzession an den generalpräventiven Abschreckungszweck aufzufassen; denn die Erteilung der Züchtigung erfolgte öffentlich. Man unterschied dabei drei Grade: mäßig, gewöhnlich und tüchtig [7]). Die häßliche Sitte hat sich bis zum

---

[1]) Wagnitz I S. 364.
[2]) R 9 C 6 c 1: 25. August 1782.
[3]) R 9 C 6 c 1.
[4]) Wagnitz I S. 347.
[5]) Wagnitz I S. 361.
[6]) R 9 C 6 c 1: 1715.
[7]) Mylius NCC. X Sp. 1129.

Ausgange des 18. Jahrhunderts erhalten; auch Wächter hielt sie noch für nützlich, wenn er auch riet, bei den einzelnen Gefangenen Unterschiede zu machen. Die Notwendigkeit einer ärztlichen Untersuchung vor der Exekution wurde sogar gesetzlich anerkannt [1]). Nicht recht ersichtlich ist, warum das Zirkular vom 15. Mai 1797 [2]) anordnete, daß Willkommen und Abschied nur im Zuchthause vollstreckt werden dürften und daß Festungssträflinge, wenn ihnen diese Züchtigung erteilt werden sollte, erst ins Zuchthaus überführt werden müßten. M. E. kann es sich auch in dieser Bestimmung nur um das Bestreben handeln, dem Zuchthause etwas von dem Charakter der alten Leibesstrafen zuteil werden zu lassen; die Sorge, daß die Generalprävention durch die steigende Bedeutung der Freiheitsstrafe allzusehr eingeschränkt werden möchte, hat vielleicht dazu den Anlaß gegeben.

Große Bedeutung wurde einer religiösen Beeinflussung der Zuchthausinsassen beigemessen. Eine wirkliche Besserung der Züchtlinge, von der so viel geredet wurde, suchte man in erster Linie durch „Sing- und Betstunden, auch examina catechetica“ [3]) zu erreichen; man legte daher unbedingt Gewicht darauf, daß die Geistlichkeit sich um die Anstalten kümmere und für eine ausreichende Seelsorge eintrat. Bezeichnend ist eine Eingabe des lutherischen Stadtministeriums von Magdeburg [4]), worin gesagt wird,

> „daß die treue Bedienung des göttlichen Worts das Hauptsächlichste sey bey der ganzen Anstalt des Zuchthauses: Sintemahl schwere Arbeit, Gefängnis [5]) und Schläge vor sich alleine nicht können die räudigen Schafe gesund machen, sondern Gottes Gnade durch die ordentliche Mittel, Wort und Sacramente, kan die hertzen ändern und fromme Einwohner der Erden und angenehme Himmels-Bürger machen“.

1) Mylius NCC. X Sp. 1233.
2) Mylius NCC. X Sp. 1233.
3) R 49 A 1 G. i. C. 1737—44.
4) I Z 33 [6]: 1728.
5) Das Wort ist hier natürlich in dem oben S. 11 erwähnten Sinne zu verstehen.

Im Inventar der Zuchthäuser spielten denn auch die religiösen Bücher eine große Rolle; sie waren zahlreicher vertreten als die notwendigsten [1]) Wäschestücke. Liest man die aktenmäßigen Vorschriften und Anordnungen über die Seelsorge, so kann man sich des Eindrucks nicht erwehren, daß in dieser eine gewisse Oberflächlichkeit und trockener Schematismus geherrscht haben. In der Instruktion für den Magdeburger Geistlichen heißt es z. B.:

> „Keinen anderen Catechismum hat Er mit denen Züchtlingen zu treiben, als den kleinen Catechismum Lutheri, und hat dieselben ernstlich anzuhalten, daß alle und jede denselben wissen und hersagen (!) können [2])."

Zu beachten dürfte auch sein, daß die zahllosen Betstunden, das Vorlesen von Psalmen und Sprüchen selbst während der Mahlzeiten zu einer baldigen Abstumpfung der Gefangenen gegenüber religiösen Dingen geführt haben werden [3]). Die Einrichtung, daß sich der Geistliche öfters einzeln mit den Züchtlingen zu beschäftigen habe, ist mir nur für Magdeburg bekannt. Vernünftig gehandhabt, hätte diese Maßregel sicher manches Gute stiften können.

Für Kinder wurde neben der eigentlichen Seelsorge häufig auch noch ein mehrstündiger Elementarunterricht eingerichtet [4]).

Die vorstehenden Erörterungen über die Zustände in den altpreußischen Zuchthäusern dürften gezeigt haben, daß es nicht an Einrichtungen fehlte, durch welche man die Züchtlinge, insbesondere wenn sie jünger waren, zu brauchbaren Mitgliedern der menschlichen Gesellschaft zu erziehen bestrebt war. In Parallele zu dieser Tatsache erkennen wir weiter, daß sich in damaliger Zeit auch bereits die ersten Ansätze für eine Entlassenenfürsorge außerhalb der Strafanstalt zu entwickeln

---

[1]) I Z 33 [6] Bl. 91: Im Magdeburger Zuchthausinventar gab es zwar nur 12 alte Männerhemden, wohl aber 1 große Bibel, 1 große Postille, 6 kleine Bibeln, 33 Gesangbücher, 20 Testamente und 16 Katechismi.

[2]) I Z 33 [6].

[3]) R 9 C 6 c 1: 1715. R 49 A 1 G. i. C. 1737—44. Wagnitz I S. 346.

[4]) So schon in Holland: v. Hippel Ztschrft. 18 S. 463/4, und in Hamburg: ebenda S. 637; desgl. in Breslau und Jauer: Wagnitz I S. 346 u. 365.

begannen. Allerdings nur sehr primitiv! Der Staat selbst leistete auf diesem Gebiete fast gar nichts; er überließ es den einzelnen Anstalten oder Privatpersonen, die entscheidenden Maßregeln zu treffen. So benachrichtigte das Zuchthaus zu Jauer 6 Wochen vor der Entlassung die Grundherrschaft des Züchtlings mit dem Antrage [1]), diesen mindestens ein Jahr lang zu beschäftigen und zu beobachten. Vom Hallenser Zuchthaus erfolgte, soweit es sich um weibliche Entlassene handelte, eine Benachrichtigung der Mägdevermieterin, damit diese sich um eine geeignete Dienststelle bemühe [2]). Interessant ist das Verfahren in Breslau [3]): Hier wurden die Gefangenen, die nach ihrer Entlassung nicht bei Angehörigen unterkommen konnten, zunächst im Zuchthause behalten, aber unter weniger strengen Bedingungen, und erst dann entlassen, wenn ihr Unterkommen gesichert war. Aus vielen anderen Anstalten [4]) dagegen erfolgte die Entlassung, ohne daß jemand nach dem Schicksale der Entlassenen fragte.

Beachtung und Interesse fand das Problem der Entlassenenfürsorge damals vor allem noch theoretisch, während man in praxi nicht über die ersten Ansätze hinauskam. So blieb es im 18. Jahrhundert bei mehr oder weniger beachtenswerten Vorschlägen. Das bereits erwähnte Gutachten des Stadtrichters Schmidt [5]) gipfelte darin, daß die Entlassung überhaupt erst nach festgestellter Besserung des Gefangenen erfolgen dürfe; die Heimatsbehörde sollte dann aber für eine gehörige Unterbringung des Entlassenen verantwortlich sein.

C. Die Festungen.

I. Die Festungsstrafe wurde, wie schon der Name sagt, nicht in selbständigen „Anstalten" vollstreckt, sondern in den militärischen Festungen, in denen einige kasemattierte Räume zur Unterbringung der Gefangenen dienten. Gerade diese Un-

---

[1]) Wagnitz I S. 348. Ob die Grundherrschaft zur Befolgung des Antrags gezwungen werden konnte, wird nicht gesagt; es ist aber sehr unwahrscheinlich.

[2]) Wagnitz II S. 110.

[3]) Wagnitz I S. 362 ff.

[4]) z. B. in Spandau. Wagnitz II S. 221.

[5]) R 49 A 1 G. i. C. 1760—74: 1772.

selbständigkeit der Festungsgefängnisse, die zweifellos eine nebensächliche Behandlung seitens der staatlichen Organe zur Folge hatte, dürfte eine recht gewichtige Ursache für die unerhörten Zustände gewesen sein, denen wir in diesen Strafanstalten begegnen. Die primitive Art und Weise des Strafvollzuges in den Festungen, das Fehlen jeglicher Ansätze zu einer zweckentsprechenden Ausgestaltung dieser Freiheitsstrafe erinnert in mancher Hinsicht an die Gefängnisse.

Aus Wagnitz' Beschreibung der Magdeburger Zitadelle [1]) können wir uns ein allgemeines Bild darüber machen, wie es um die Unterbringung und die Versorgung der Festungsgefangenen bestellt gewesen sein mag.

Die Beaufsichtigung der Gefangenen und die Verantwortlichkeit für den gesamten Strafvollzug lag der in der betreffenden Festung zuständigen Militärbehörde ob [2]). Offenbar lag diesen Militärbehörden wenig an einer sachgemäßen Behandlung der Gefangenen; denn während diese einerseits die ganze Strenge damaliger militärischer Disziplin zu „fühlen" hatten, kam es doch auch vor, daß den Sträflingen unerhörte Freiheiten gestattet wurden, die nur in einer maßlosen Gleichgültigkeit der Vorgesetzten ihren Grund gehabt haben können; so sollen sich Festungssträflinge vielfach in den Gasthäusern der Stadt umhergetrieben haben, und die Soldaten sollen unerwünschten Beeinflussungen durch die Sträflinge ausgesetzt gewesen sein [3]).

War also für die notwendige Mannszucht unter Umständen nur mangelhaft gesorgt, so zeigt sich das gleiche Bild der Vernachlässigung und absoluten Interesselosigkeit auch auf allen andern Gebieten des Festungsstrafvollzuges. Die zur Unterbringung der Gefangenen dienenden Räume waren häufig unterirdisch gelegen, wiesen keine Spur von Reinlichkeit auf und genügten selbst den primitivsten hygienischen Ansprüchen nicht. Nässe, schlechte Luft und Ungeziefer machten den Aufenthalt in diesen Räumen zu einer dringenden gesundheitlichen Gefahr [4]).

[1]) Wagnitz II S. 201 ff.

[2]) Vgl. Kriegsmann S. 20.

[3]) Kriegsmann S. 19/20.

[4]) Wagnitz II S. 202/03. v. Arnim II S. 201, 203, 219.

Diese wurde gesteigert durch eine völlig unzureichende Ernährung, die zu der geforderten Arbeitsleistung im stärksten Mißverhältnis stand. Nach v. Arnim [1]) bestand sie regelmäßig nur in Wasser und Brot. Ausnahmen von dieser Regel sind indessen vorgekommen. Abgesehen davon, daß sich die Sträflinge im Falle der erwähnten Freiheiten Vergünstigungen zu verschaffen wußten, herrschte in manchen Festungsgefängnissen, z. B. in Stettin, das aus den Zuchthäusern bekannte System der Selbstbeköstigung. Der wöchentliche Durchschnittssatz soll in diesem Falle 7 Gr. für den einzelnen Sträfling betragen haben, erreichte also dieselbe Höhe wie in den Zuchthäusern von Magdeburg und Spandau.

Die schlechte Kost, die ungesunde und höchst mangelhafte Schlafmöglichkeit mußte den Sträfling gesundheitlich in hohem Grade angreifen. Die körperlichen Leiden wurden häufig noch vermehrt, indem der Sträfling an Ketten[2]) oder an seine Arbeitskarre angeschmiedet und dadurch in seiner Bewegungsfreiheit aufs empfindlichste beeinträchtigt wurde. Dieser großen körperlichen Strapazen wegen galt die Festungsstrafe als die schwerste Freiheitsstrafe. Bezeichnend hierfür ist ein Marginal Friedrichs des Großen, in dem er eine Verurteilung zu 4 Wochen Karrenstrafe abänderte mit den Worten [3]):

> „zu 8 tagen; Ministres die nicht wißen was in der Care gehen heißet können Schon Schwehre Urthels fällen. 4 Wochen ist viel. 8 tage ist zu einer Correction genung" [4]).

Um das künftige Wohl und Wehe der Festungssträflinge kümmerte man sich während der Dauer ihrer Strafzeit so gut wie gar nicht. Nicht einmal eine regelmäßige Seelsorge, auf die man doch allenthalben großen Wert zu legen pflegte, fand in den Festungsgefängnissen statt. Dann und wann erschien der Garnison-

---

[1]) v. Arnim II S. 205.

[2]) In Magdeburg unterschied man doppelte und einfache Kette. Wagnitz II S. 204.

[3]) Acta Borussica VII S. 136.

[4]) Was „Correction" in diesem Zusammenhang bedeutet, habe ich in meiner Abhandlung S. 54 auseinandergesetzt.

prediger, um die Sträflinge zu besuchen. Von erzieherischen Maßnahmen hören wir nichts.

II. Die Arbeit der Festungssträflinge bestand in erster Reihe im Festungsbau, und zwar in den körperlich schwersten Handarbeiten, die hierbei erforderlich waren. Vor allem mußten Sand und Steine öffentlich vor den Augen des Publikums gekarrt werden. Weiber, die zur Festungsstrafe verurteilt worden waren, wurden mit Spinnen in den elenden Kasematten beschäftigt [1]). Dies waren die einzigen Beschäftigungsmöglichkeiten für die Sträflinge. Wenn daher die Festungsbauarbeiten infolge großer Kälte oder der Dunkelheit eingestellt werden mußten, dann saßen die Sträflinge müßig zusammen [2]). Auch insofern können wir also einen Anklang an die Gefängnisse feststellen.

D. Die Arbeitshäuser im engeren Sinne.

I. Die Zuchthäuser, die anfangs lediglich der Bekämpfung der Bettelei und des Vagantentums dienen sollten, waren im Laufe der Zeit, wie wir sahen, für die eigentliche Strafrechtspflege ausgenutzt und infolgedessen mit heterogenen Elementen überfüllt worden. Hatte man auch die anfängliche Zweckbestimmung nie vergessen, so war doch in der zweiten Hälfte des 18. Jahrhunderts die kriminalpolitische Bedeutung der Anstalten derart gestiegen, daß sie den Zwecken, denen sie in erster Linie gewidmet waren, nicht mehr in hinreichendem Maße gerecht werden konnten. Die Folge war die Notwendigkeit, neue Mittel und Wege zur erfolgreichen Bekämpfung der Landstreicherei zu suchen. Das Ergebnis sind die Arbeitshäuser im neueren Sinne [3]).

Der wichtigste Unterschied, der sie von den Zuchthäusern und Arbeitshäusern älterer Auffassung trennt, beruht darin, daß die neuen Anstalten gleichzeitig der korrektionellen Nachhaft dienten, also zur Aufnahme entlassener Sträflinge verwendet wurden, die hier bis zur Sicherstellung ihres Unterkommens und ihrer Arbeitsgelegenheit verwahrt wurden [4]).

[1]) Wagnitz II S. 202. Kriegsmann S. 19.

[2]) v. Arnim II a. a. O. Kriegsmann S. 19.

[3]) v. Hippel, Kor. Nachh. S. 6 ff.

[4]) v. Hippel a. a. O. zitiert den § 5 des Reglements der Anstalt Tapiau, wo darauf besonders hingewiesen wird. Vgl. auch v. Liszt S. 269.

II. Die eigentliche Entwicklung der neuen Arbeitshäuser fällt in das 19. Jahrhundert, also einen Zeitraum, mit dem sich die vorliegende Abhandlung nicht beschäftigen soll. Aber die Grundlagen dieser Anstalten sind hier zu untersuchen; es ist festzustellen, ob wir in dieser Einrichtung ein Novum zu sehen haben oder ob sie das Ergebnis einer allmählichen Entwicklung ist.

In der modernen Literatur ist man sich nicht darüber einig, ob die Arbeitshäuser neueren Stils schon in der Mitte des 18. Jahrhunderts oder erst in dessen letzten Jahrzehnten begründet worden sind. Kriegsmann [1]) und Rosenfeld [2]) z. B. rechnen das Königsberger Arbeitshaus zu den Arbeitshäusern im neuen Sinne. Meines Erachtens ist dies nicht richtig. Freilich ist zuzugeben, daß in manchen Zuchthäusern und u. a. gerade auch in dem Königsberger Arbeitshaus die Erreichung von Zwecken erstrebt wurde, denen die modernen Arbeitshäuser ausdrücklich gewidmet worden sind [3]). Wir finden gerade in der Königsberger Anstalt nur einen ganz geringen pönalen Einschlag und sehen sie fast ausschließlich der Bekämpfung der Landstreicherei, der Verwahrung und Erziehung ungeratener Kinder geweiht. Aber es fehlt das Moment der korrektionellen Nachhaft [4]). Gegen die Ansicht von Kriegsmann und Rosenfeld spricht m. E. auch die Tatsache, daß Svarez, der die neue Institution ins Leben gerufen hat, ausdrücklich darauf hinwies, daß es sich um ein neues Mittel zur Bekämpfung der Landstreicherei handele [5]). Man stellte also schon damals die Arbeitshäuser in einen bewußten Gegensatz zu den Zuchthäusern.

Nach alledem möchte ich mich der von v. Hippel vertretenen Ansicht anschließen. Die Arbeitshäuser sind also Anstalten polizeilichen Charakters gewesen und in dem letzten Teil des 18. Jahrhunderts begründet worden [6]).

---

[1]) Kriegsmann S. 15 Anm. 2.

[2]) Rosenfeld in Ztschr. 26 S. 2 Anm. 6.

[3]) Meyer-Allfeld S. 311 Anm. 15 heben die Ähnlichkeit zwischen Zuchthäusern und Arbeitshäusern im neueren Sinne hervor.

[4]) Mylius NCC. II Sp. 15 ff.

[5]) v. Hippel, Kor. Nachh. S. 8.

[6]) A. A. auch Sichart S. 265. Gegen ihn v. Hippel a. a. O. Vgl. auch v. Hippel,

Bemerkt sei zum Schluß, daß die Notwendigkeit der korrektionellen Nachhaft schon vor der Begründung der neuen Arbeitshäuser erkannt gewesen ist [1]). Ja, es hat sogar nicht an Versuchen gefehlt, sie im Anschluß an die Zuchthausstrafe zur Durchführung zu bringen. In Wagnitz' Beschreibung des Breslauer Zuchthauses [2]) findet sich nämlich der interessante Vermerk, daß die Sträflinge, deren Unterkommen nach der Entlassung nicht gesichert war, in der sogenannten zweiten Klasse der Anstalt zurückbehalten wurden, bis sich gesicherte Lebensbedingungen für sie gefunden hatten. Dieser zweiten Klasse gehörten an sich keine Sträflinge an, sondern nur freiwillig eintretende Arme u. dgl. m.

So könnte das Breslauer Zuchthaus vielleicht als Vorläufer der modernen Arbeitshäuser gelten. Daß es irgendwie als Muster gedient hätte, ist indessen kaum anzunehmen.

---

3. Abschnitt.

Ergebnisse.

Die Darstellungen des 1. und 2. Abschnitts haben nach unsern einleitenden Bemerkungen bezweckt, eine sichere Grundlage für die Stellungnahme zu einer Reihe historischer Probleme abzugeben, mit denen wir uns im folgenden eingehender beschäftigen wollen. Es handelt sich dabei teils um Fragen, die allein die preußische Geschichte betreffen, teils aber auch um Probleme von allgemeiner historischer Bedeutung.

A. I. An erster Stelle wollen wir die Frage aufwerfen: *Läßt sich ein unmittelbarer Einfluß Hollands oder der Hansestädte auf Preußen nachweisen, soweit es sich um die Anlegung von* **Zuchthäusern** *und die Ausgestaltung des Strafvollzuges in ihnen handelt?*

Die strafr. Bekämpfung von Bettel usw. S. 129 Anm. 2. Auf v. Hippels Seite auch Rumpelt S. 1055.

[1]) R 49 A 1 G. i. C. 1760—74: Gutachten des Stadtrichters Schmidt von 1772.

[2]) Wagnitz I S. 362 ff.

Von einem unmittelbaren Einfluß Hollands oder der Hansestädte ließe sich dann sprechen, wenn in Preußen holländische Anstalten nachgebildet worden wären, wenn also beispielsweise holländische oder hanseatische Anstaltsordnungen als Muster für preußische Anstaltsordnungen gedient hätten und auf diese Weise Einrichtungen der Küstenstaaten unmittelbar nach Preußen verpflanzt worden wären. Daß eine solche direkte Übertragung holländischer oder hanseatischer Einrichtungen ursprünglich geplant war, können wir aus Philipp Gainhofers Bericht aus dem Jahre 1617 entnehmen, den wir in v. Hippels [1]) Abhandlung wiedergegeben finden; danach sollen aus Hamburg und aus Holland Handwerker bestellt worden sein, nachdem Kurfürst Joachim Friedrich ,,Christmiltester Gesinnung" die Umwandlung des Berliner Lagerhauses in ein Zuchthaus angeordnet hatte [2]). Dieser Plan ist damals, wie wir gesehen haben, nicht verwirklicht worden. Bei der Anlegung der Zuchthäuser gegen Ende des 17. Jahrhunderts ist man aber allem Anschein nach nicht mehr auf ihn zurückgekommen; denn das ungedruckte Quellenmaterial, das dieser Arbeit zugrunde liegt, enthält keinen Hinweis darauf, daß sich die preußische Regierung unmittelbar nach Holland gewandt hätte, um dort Belehrung zu finden. Dies ist um so beachtenswerter, als die hier benutzten Repositorien des Geheimen Staatsarchivs zu Berlin und des Magdeburger Stadtarchivs die ältesten Quellen über Gründungen preußischer Zuchthäuser enthalten [3]). Gerade aber für jene früheste Zeit müßte man eine direkte Belehrung an der Hand holländischer oder hanseatischer Muster erwarten, da ja damals in Preußen selbst noch alle Erfahrungen auf dem Gebiete des Zuchthauswesens gefehlt haben [4]).

---

[1]) v. Hippel in Ztschr. 18 S. 436/37.

[2]) Vgl. oben S. 4. Bremen hatte sich seinerzeit aus Amsterdam die dortige Anstaltsordnung zur Nachahmung übersenden lassen. Vgl. v. Hippel in Ztschr. 18 S. 609.

[3]) Nach v. Hippel, Ztschr. 18 S. 420/21, ist das Zuchthaus in Breslau schon 1670 angelegt worden, also bedeutend früher als die Anstalten in Magdeburg und Spandau. Es ist aber zu beachten, daß Breslau damals zu Österreich gehörte!

[4]) Möglich ist ein Einfluß Danzigs auf Königsberg. Vgl. v. Hippel a. a. O. S. 643 ff. mit Mylius NCC. II Sp. 15 ff.

Da die Akten hierfür keinen Anhaltspunkt gewähren, so möchte ich die Frage nach einem unmittelbaren Einfluß Hollands und der Hansestädte auf Preußen verneinen, wobei nicht die Möglichkeit von der Hand gewiesen werden soll, daß die Durchforschung anderer Archive vielleicht doch noch Anhaltspunkte für einen solchen Einfluß erbringen könne.

Wenn wir nun auch für eine unmittelbare Beeinflussung Preußens durch die Küstenstaaten einen Beweis nicht erbringen konnten, so müssen wir doch noch versuchen, folgende Fragen zu beantworten: Haben die holländischen und hanseatischen Anstalten im allgemeinen als Vorbild gedient, so daß die dort erreichten Erfolge auch in Preußen bei der Anlegung der Zuchthäuser bestimmend gewesen sind? Können wir auf Grund der allgemeinen Einrichtungen eine Beziehung zwischen Preußen und den Küstenstaaten, insbesondere Holland, erkennen?

Diese Fragen sind m. E. unbedingt zu bejahen.

Zunächst sei auf die Tatsache hingewiesen, daß die Arbeit des Farbholzraspelns [1]) in den preußischen Zuchthäusern üblich und daß auch in Preußen für die Verurteilung zu Zuchthaus die Bezeichnung condemnatio ad Raspinum [2]) in Gebrauch gewesen ist. In beiden Beziehungen kennen wir charakteristische Eigentümlichkeiten der Amsterdamer Anstalten wieder, die als dem St. Raspinus, dem fingierten Schutzheiligen der Farbholzraspler, geweiht galten und von den berühmten miracula St. Raspini Zeugnis ablegten [3]). Aber selbst wenn wir von diesen Einzelheiten absehen, so erkennen wir doch in dem auch für Preußen nachgewiesenen Zusammenhang mit der Armenpflege [4]),

---

[1]) Oben S. 44.

[2]) R 49 A 1 G. i. C. 1737—44: „So wollen Euere K. M. Uns näher noch allergnädigst instruieren, was es für Leibes-Straffen seyn sollen, auff welche Wir in surrogatum condemnationis ad Raspinum erkennen sollen." Bericht der Regierung zu Minden aus dem Jahre 1738.

[3]) Die sogenannten miracula St. Raspini sind zeitgenössische Berichte über die glänzenden Erfolge der Amsterdamer Anstalten gegenüber den Arbeitsscheuen. Es wird in ihnen geschildert, wie in den Zuchthäusern „lahme" Bettler „gesund" gemacht worden sind u. dgl. m. Einen Abdruck dieser kulturhistorisch höchst interessanten Berichte findet man bei v. Hippel in Ztschr. 18.

[4]) Oben S. 5 ff.

dem Arbeitszwang [1]) und der stark betonten Seelsorge [2]) Erscheinungen, die den vorbildlichen Anstalten der Küstenstaaten ihr charakteristisches Gepräge und ihre allgemeine Berühmtheit verschafft haben. Da nun die preußischen Zuchthäuser erst 100 Jahre nach der Gründung der Amsterdamer Anstalten angelegt worden sind, so müssen wir annehmen, daß die dort gemachten Erfahrungen und maßgebenden Gesichtspunkte bereits eine solche Verbreitung gefunden hatten, daß ein unmittelbares Zurückgreifen auf die holländischen Vorbilder, was um 1600 unbedingt erforderlich gewesen wäre [3]), nunmehr in jedem einzelnen Falle einer Neugründung nicht mehr notwendig war. Zum Ausdruck kommt dies in einem kurfürstlichen Reskript vom 30. VI./10. VII. 1693 [4]), in welchem das gräflich Lynarische Haus in Spandau der Umwandlung in ein Zuchthaus gewidmet wird; wie dort gesagt wird, geschieht dies,

> „damit in selbigem wie in andern Königreichen, Fürstentümern und wohlbestallten Republiquen hergebracht (!) ist, das böse im Lande herumbstreichende Gesindlein von der Betteley und dem Müßiggang abgezogen, hingegen aber zur Handtarbeit gebrauchet werde“.

Bemerkenswert ist schließlich, daß man in Zeiten, in denen die Reformbedürftigkeit der preußischen Zuchthäuser zutage trat, wieder unmittelbar auf Holland und die Hansestädte zurückgegriffen und die dortigen Verhältnisse von neuem studiert hat. Als v. Zedlitz im Jahre 1772 vom Berliner Stadtrichter Schmidt Vorschläge über Verbesserungen der Zucht- und Arbeitshäuser einforderte, wandte sich dieser zunächst an seine Bekannten in Holland und anderen Küstenstaaten und ließ sich von dort Anstaltsordnungen und Beschreibungen der Zuchthäuser senden [5]).

---

[1]) Oben S. 44 ff.

[2]) Oben S. 55 ff.

[3]) Oben S. 4 u. S. 63.

[4]) R 9 C 6 c 1.

[5]) R 49 A 1 G. i. C. 1760—74. Schmidt erhielt dabei u. a. eine Abschrift der Wagenaarschen Chronik der Stadt Amsterdam, soweit sie das dortige Zuchthaus betrifft. Auch interessante Briefe aus London und Kopenhagen enthält das Aktenpaket. Die schlechten Gefängnisverhältnisse in England werden dort auf das Überhandnehmen der Deportation zurückgeführt.

Daraus aber geht m. E. hervor, daß man sich auch im Jahrhunderte des großen Königs der vorbildlichen Stellung der holländischen und hanseatischen Anstalten bewußt gewesen ist und die Küstenstaaten, insbesondere die Niederlande, als maßgebend in allen Fragen des Gefängniswesens angesehen hat.

II. Damit werden wir nun vor die Frage gestellt: Warum sind die Zustände in der Mehrzahl der preußischen Zuchthäuser so elend gewesen, obwohl in Holland so treffliche Vorbilder vorhanden gewesen und so allgemein anerkannte Erfolge erzielt worden sind?

Worin bestehen die inneren Gründe für den Niedergang des Zuchthauswesens speziell in Preußen?

Wir haben im 1. Abschnitt dieser Abhandlung auf die merkantilistischen Ideen hingewiesen, die der Anlegung von Zuchthäusern aus rein wirtschaftspolitischen Gesichtspunkten so förderlich gewesen sind. Die starke Betonung der rein wirtschaftlichen Vorteile, die mit den Zuchthäusern zugunsten der Landesmanufakturen [1]) erreicht werden sollten, hatte die Gefahr zur Folge, daß der in Holland an erste Stelle gerückte erzieherische Zweck der Zuchthäuser in Preußen von Anfang an praktisch vernachlässigt und daß ihm gegenüber einseitig auf den pekuniären Vorteil der Anstalten der Hauptwert gelegt wurde. In manchen Anstalten, z. B. in Küstrin, sank daher die Unterbringung besserungsbedürftiger Elemente im Zuchthause völlig auf die Stufe eines Mittels zum Zweck hinab, und zwar eines Mittels zu einem rein kaufmännisch-pekuniären Zwecke. Freilich wurde, zumal in der zweiten Hälfte des 18. Jahrhunderts, in den mannigfachsten Wendungen auf die sittliche Besserung der Insassen hingewiesen; aber was besagte dies im Hinblick auf die Tatsache, daß man bei der Begründung, Ausstattung und Leitung der Zuchthäuser in erster Linie an die pekuniären Zwecke dachte und die auf die Besserung der Züchtlinge abgestellten Einrichtungen gewissermaßen nur traditionell beibehielt. Man verließ sich, was die Besserung der Züchtlinge betrifft, viel zu ausschließ-

---

[1]) Oben S. 8 ff.

lich auf die Seelsorge [1]) und glaubte im übrigen genug getan zu haben, wenn man für ausreichende Beschäftigung der Züchtlinge sorgte. Im übrigen zieht sich als roter Faden durch die Geschichte der altpreußischen Zuchthäuser der wirtschaftspolitische und kaufmännische Gesichtspunkt hindurch, wie er oben entwickelt worden ist. Wir erkennen dies in der übertriebenen Bevorzugung des Unternehmersystems mit allen seinen Schäden für die Gefangenen [2]), in der Vernachlässigung der Anstalten, soweit bauliche Verbesserungen [3]), die Anstellung zahlreicheren Beamtenpersonals [4]) und die pekuniäre Fundierung [5]) der Anstalten in Frage kommen, und überhaupt in der ängstlichen Sorge, der Staatskasse zugunsten der Zuchthäuser nur ja keine Belastung zuzumuten [6]). Daß die Zuchthäuser sich selbst erhalten konnten, galt als ihr größter Vorteil gegenüber den Gefängnissen. Die Vorstellung von dem für den Staat mit Leichtigkeit abfallenden Verdienst führte nach alledem nicht in letzter Linie zu den Mißerfolgen, die mit so vielen preußischen Zuchthäusern erreicht worden sind. Selbst in verständig und einsichtig geleiteten Anstalten, wie z. B. in Magdeburg, hat man diese Gefahr nicht vermieden; vielmehr huldigte man auch hier einem törichten Sparsystem [7]), anstatt die pekuniären Vorteile der Anstalt zu deren eigenem Vorteile und zum Besten ihrer Insassen auszunutzen.

Dieser Mangel des preußischen Zuchthauswesens ist noch im 18. Jahrhundert klar erkannt, seine Beseitigung dringend gefordert worden. Naturgemäß richteten sich die Angriffe dabei gegen das Unternehmersystem, welches die prägnanteste Ausbildung und Verwirklichung des geschilderten Prinzips darstellt. Aus ihm wurden die meisten Fehler und Schwächen des Zucht-

---

[1]) Oben S. 55 ff.
[2]) Oben S. 31 ff.
[3]) Oben S. 48 ff.
[4]) Oben S. 40 ff.
[5]) Oben S. 34 ff.
[6]) Oben S. 34.
[7]) Oben S. 37.

hauswesens abgeleitet. Man forderte also unter Anlehnung an die Vorbilder in den Küstenstaaten, daß [1])

„alle Nebenabsichten eines durch die Arbeit dieser Elenden zu erhaltenden großen Gewinstes schlechterdings wegfallen und kein Zuchthaus einem Privato zu Treibung seines Gewerbes verpachtet oder sonst überlaßen werde, der diese Menschen für seine Leibeigenen oder Sclaven ansiehet, mit denen er seines Nutzens wegen nach Gefallen schalten und walten kann, wie er will, und dabey darauf, ob die Strafe dem Verbrechen angemeßen sey und mit der Vorschrifft übereinkomme oder nicht, wenig oder gar nicht reflectiret, sondern alle Züchtlinge auf einerley Art und Weise behandelt, allen einerley Arbeit, sowohl in qualitate als quantitate auferleget und an die Verbeßerung ihres moralischen Carackters gar nicht denket, welche elende Beschaffenheit es mit dem cüstrinschen Zuchthause hat, als welches l. Berichtes der N. Märkischen Kr. u. D. Cammer der Aufsicht des Fabricanten Schiele überlaßen worden ist. Es kann bey solcher Verfaßung nicht fehlen, daß der weniger lasterhaffte, wann er siehet, daß er eben so als der größeste Bösewicht behandelt wird, in Verzweiflung geräth und in größere Laster verfällt, oder wenn er noch etwas gebeßert herauskomt dennoch einen kranken und siechen Körper mitbringet und also auf einer oder der anderen Weise dem publico lästig bleibt. Soll also dieses vermieden werden, so müßen dergl. Häuser von dazu bestellten besonderen Bedienten sub autoritate publica verwaltet, und ob diese ihrem officio nachleben von Zeit zu Zeit gehörig untersuchet, und hiezu Commißaren ernannt und bestellet werden, wie solches beym Zuchthaus zu Spandau auch geschiehet."

Daß das 18. Jahrhundert Änderungen auf diesem Gebiete nicht mehr gebracht hat, wurde schon oben erwähnt [2]). Es bedurfte neuer verstärkter Hinweise auf die kriminalpolitischen Schwächen der preußischen Anstalten und neuer läuternder Einflüsse aus

---

[1]) R 49 A 1 G. i. C. 1760—74: 1772.

[2]) Oben S. 34.

dem Auslande, damit auch in Preußen die Grundlage für eine Gefängnisreform geschaffen wurde.

Der Niedergang des Zuchthauswesens wurde aber auch noch durch einen anderen Umstand beträchtlich gefördert. In erster Linie für die Aufnahme von Bettlern und arbeitsscheuen Armen bestimmt [1]), wurden die Zuchthäuser anfangs erst in geringerem Maße, dann aber immer mehr auch anderen Zwecken dienstbar gemacht. Wir haben gesehen, daß sie schließlich der Sammelplatz für Bettler, Irre, Verbrecher verschiedenster Grade, säumige Schuldner, ungeratene Kinder und freiwillig eintretende Handwerker gewesen sind. Die Folge war die Unmöglichkeit, einem der zahlreichen Zwecke voll und ganz gerecht zu werden. Insbesondere war es verfehlt, daß in der zweiten Hälfte des 18. Jahrhunderts, als unter dem Einfluß Friedrichs II. die kriminalpolitische Erkenntnis bedeutsame Fortschritte gemacht hatte und die einseitige Verfolgung des Abschreckungszwecks zugunsten der Spezialprävention [2]) eingeschränkt wurde, nicht Zuchthäuser eingerichtet wurden, die für Verbrecher allein bestimmt waren, daß man sich vielmehr damit begnügte, die kriminell Verurteilten in die vorhandenen Zuchthäuser zu bringen. Je weiter auf Grund der königlichen Kabinettsjustiz und Ediktalgewalt das Anwendungsgebiet der Zuchthausstrafe wurde, desto unheilvoller wurde die Belastung der Zuchthäuser mit neuen Elementen, die an sich nur eine untergeordnete Rolle darin spielen sollten [3]). Nur eine strenge Klassifizierung hätte den Eintritt der Gefahren verhindern können, die mit diesem System in Verbindung standen. Wir haben bereits gesehen, wie es mit der Klassifizierung im großen und ganzen bestellt war [4]).

Das 18. Jahrhundert hat auch in dieser Hinsicht zunächst nur die Erkenntnis der vorhandenen Schäden und den Wunsch nach Abhilfe gebracht. So schreibt der Stadtrichter Schmidt in seinem schon mehrfach erwähnten Gutachten, es müsse

---

[1]) Oben S. 4 ff.

[2]) Oben S. 10. Vgl. hierzu auch Bleeck in der Besprechung meiner Abhandlung in Aschaffenburgs Monatschrift 1915 Heft 8 S. 473.

[3]) Oben S. 25 ff.

[4]) Oben S. 49 ff.

„außer der an sich natürlichen Trennung der Weibs Persohnen von den Manns Persohnen.....auch darauf gesehen werden, daß die jungen Verbrecher von denen älteren und bösen, denen Laster zur Gewohnheit und die in Schandthaten grau geworden, genau separiret und unter beständiger Aufsicht gehalten werden, damit nicht fernerhin das Zuchthaus die Hohe Schule der Diebe sey, die jungen Diebe und andere Verbrecher von denen alten in laster bestärket und in Ausübung desselben unterrichtet und dazu geschickter gemachet, dem Publico hernach noch lästiger werden."

Es ist bemerkenswert, daß dieses Gutachten nur der kriminell Verurteilten, nicht aber auch der polizeilich Detinierten bei der Frage der Klassifizierung gedenkt; es hat damit einen Zustand vor Augen, der in Preußen gar nicht existierte, der aber durchaus zu erstreben war, nämlich die Verselbständigung des Strafvollzuges in den Zuchthäusern. Nur ganz schwache Ansätze lassen sich in dieser Beziehung in manchen Städten aufweisen. In Königsberg existierte seit etwa 1690 ein Zuchthaus und seit etwa 1756 ein sogenanntes Arbeitshaus [1]). Dem alten Zuchthaus wurden alle Verbrecher zugeschickt, ins Arbeitshaus dagegen kamen solche nur unter gewissen Bedingungen, während dieses im übrigen eine fast gänzlich polizeiliche Anstalt war. Es bestand also in Königsberg wenigstens die Möglichkeit einer Trennung beider Gattungen von Züchtlingen. Ein weiterer bedeutungsvoller Schritt war dann auf diesem Gebiete die Errichtung der neuen Arbeitshäuser [2]), die es ermöglichten, in größerem Maßstabe die auf Grund polizeilicher Maßregel detinierten Personen aus den ehemaligen Zuchthäusern auszusondern und damit Platz für eine vernünftige Unterbringung kriminell verurteilter Verbrecher zu schaffen. Die Vollendung auch dieser Bemühungen konnte erst im 19. Jahrhundert stattfinden, das 18. Jahrhundert hat im großen und ganzen nur die negativen Erfahrungen gebracht.

B. Mit der Differenzierung der Freiheitsstrafe in verschiedene Arten hängen einige Fragen allgemeiner Natur zusammen,

---

[1]) R 9 C 6 c 1. Vgl. auch oben S. 29.

[2]) Vgl. oben S. 60 ff.

deren Lösung, wie wir einleitend bemerkten, bereits von Kriegsmann versucht worden ist. Diese Probleme, denen wir nunmehr näher treten wollen, sind folgendermaßen zu formulieren: In welcher der verschiedenen im 18. Jahrhundert vorkommenden Arten der Freiheitsstrafe ist die Grundlage für unser modernes Gefängniswesen zu erblicken? In welchem entwicklungsgeschichtlichen Verhältnis haben die einzelnen Arten zueinander gestanden?

I. Im allgemeinen hat sich die bisherige Literatur mit diesen Fragen wenig befaßt. Aus gewissen Anklängen an den modernen Vollzug der Freiheitsstrafe wurde zumeist ohne nähere Untersuchung gefolgert, daß das Zuchthaus des 18. Jahrhunderts für die Entwicklung des Gefängniswesens ausschlaggebend gewesen ist [1]). Die Festungsstrafe erfreute sich daneben nur geringer Beachtung und wurde, wie Kriegsmann [2]) sehr richtig bemerkt, stiefmütterlich behandelt. Eine Untersuchung über das entwicklungsgeschichtliche Verhältnis der einzelnen Arten der Freiheitsstrafe, insbesondere aber von Zuchthaus und Festung, wurde für überflüssig gehalten.

Es ist Kriegsmanns Verdienst, in seiner „Einführung in die Gefängniskunde" in dieser Richtung einen Versuch gemacht und eine Reihe neuer Thesen aufgestellt zu haben.

Um auf Kriegsmanns Theorie im einzelnen eingehen zu können, sei es gestattet, sie zunächst in großen Zügen selbst darzustellen [3]):

Zwischen der modernen Freiheitsstrafe und der römischen damnatio ad metallum oder der kanonischen Freiheitsstrafe für Kleriker besteht nach seiner Ansicht keinerlei Zusammenhang. In der Carolina spielte die Freiheitsstrafe nur eine ganz untergeordnete Rolle als Ersatz für Geldstrafen und als Strafe für unbedeutende Ordnungswidrigkeiten. Die Todes- und Leibesstrafen,

[1]) Streng S. 74; Wahlberg S. 87; Berner S. 175; Meyer-Allfeld S. 311; v. Liszt S. 260.

[2]) Kriegsmann S. 7 Anm. 2.

[3]) Kriegsmann S. 2 ff.

der Staupenschlag und die Landesverweisung bilden das Strafensystem. Aber allmählich wird das Nutzlose und Menschenunwürdige dieses Systems erkannt und die Landesverweisung in zahlreichen Fällen durch Verurteilung zu öffentlicher Zwangsarbeit — condemnatio ad operas publicas — ersetzt.

> „Hier liegen die ersten Anfänge der modernen Freiheitsstrafe" [1]).

Die condemnatio ad operas publicas begegnet uns in verschiedenen Formen. Die größte Bedeutung aber erreicht die Festungsstrafe.

> „Ihre Bedeutung besteht darin, daß hier zum erstenmale wieder die langwierige Einsperrung, die Freiheitsentziehung, in umfassendem Maße als Strafmittel nutzbar gemacht wurde" [2]).

In derselben Zeit entsteht das Zuchthaus als überwiegend polizeiliche Maßregel. Amsterdam errichtet seine vorbildlichen Anstalten mit dem Charakteristikum des Arbeitszwanges im Dienste des Erziehungsgedankens. Die Anwendung des Zuchthauses für die Kriminalverbrechen geschieht nur allmählich, und zwar in der Weise, daß man das Zuchthaus als eine Abart des opus publicum betrachtete. Die historische Bedeutung des Zuchthauses besteht aber nach Kriegsmann darin, daß hier die Freiheitsentziehung energisch erziehlich ausgestaltet wurde.

> „In der Festungsstrafe vollzieht sich die Ausbildung der Einsperrung zum Strafmittel; in der Maßregel des Zuchthauses wandelt sich die bloße Einsperrung zum Mittel erziehlicher Einwirkung. Das Resultat dieser beiden, zunächst von einander unabhängigen Entwicklungsreihen ist die moderne Feiheitsstrafe [3])."

Das Gefängnis [4]) ist nach Kriegsmann ganz im Gegensatz zu Festung und Zuchthaus eine Abart der Leibesstrafe.

---

[1]) Kriegsmann S. 3. Ähnlich übrigens auch Richard Schmidt S. 236, insbes. in Anm. 1.

[2]) Kriegsmann S. 5.

[3]) Kriegsmann S. 7.

[4]) Ich gebe Kriegsmann darin recht, daß das Gefängnis des 18. Jahrhunderts

II. 1. Das Bestechende in Kriegsmanns Lehre besteht darin, daß er die Festungs- und die Zuchthausstrafe in einen offenbar sehr naheliegenden inneren historischen Zusammenhang gebracht hat. Wird dieser nun durch die in Preußen festgestellten Zustände bestätigt oder müssen wir uns danach die historische Entwicklung anders denken? Diese Frage sei im folgenden untersucht.

Zunächst ist zu bemerken, daß Kriegsmanns Theorie insofern an einer gewissen Inkonsequenz leidet, als aus ihr nicht deutlich erhellt, ob opus publicum der Oberbegriff für alle drei Kategorien der Freiheitsstrafe oder nur der Begriff für einzelne ihrer Arten gewesen sein soll. Einmal setzt Kriegsmann nämlich das Gefängnis in unbedingten Gegensatz zum opus publicum [1]; an anderer Stelle dagegen [2] scheint er nur die Festungsstrafe unter opus publicum verstanden wissen zu wollen; demgegenüber aber ist folgende dritte Stelle [3] nicht ganz deutlich, wo es heißt:

> „Die drei Typen des opus publicum, insbesondere der Karrenstrafe, des Zuchthauses und des Gefängnisses freilich lassen sich überall nachweisen."

Aus diesem Passus ist m. E. an und für sich zu entnehmen, daß opus publicum der Oberbegriff für sämtliche Arten der Freiheitsstrafe sein soll.

Wir haben uns bereits im 1. Abschnitt dieser Abhandlung mit dem Begriff der operae publicae beschäftigt, soweit es sich um die Anwendung der Zuchthaus- und Festungsstrafe in praxi gehandelt hat [4]. Im übrigen wollen wir die Entscheidung dieser Frage zunächst auf sich beruhen lassen. Wie steht es aber sonst mit der Stichhaltigkeit der von Kriegsmann aufgestellten Thesen? Können wir sie billigen? Ist bei der Festungssstrafe die Freiheitsentziehung tatsächlich das eigentliche Element der Strafe gewesen?

---

nichts anderes als eine Abart der Leibesstrafe war. Vgl. oben S. 23. Ob es damit im Gegensatz zur Festungsstrafe stand, werden wir weiter unten sehen.

[1]) Kriegsmann S. 7.

[2]) Kriegsmann S. 6, insbesondere dort Anm. 5.

[3]) Kriegsmann S. 14.

[4]) Vgl. oben S. 12 ff.

Wir haben oben [1]) erfahren, daß die Unterbringung, Versorgung und Beschäftigung der Festungssträflinge ganz und gar darauf zugeschnitten war, dem Sträfling physische Leiden aller Art zu bereiten. Die harte Arbeit, durch das nutzlose Schleppen schwerer Ketten erschwert, die elende Kost und die unhygienische Unterbringung beim Schlaf mußten den Körper des Sträflings angreifen und ihm fühlbare physische Qualen zufügen. In seelischer Hinsicht wurde kaum für den Sträfling gesorgt. Alles dies legt den Gedanken nahe, daß das Strafübel für den Gefangenen in erster Linie in den körperlichen Strapazen und Leiden bestehen sollte. Auch darf man, wenn man das eigentliche Wesen der Festungsstrafe ergründen will, nicht ihre natürlichen Schwesterstrafen außer acht lassen; dies aber waren der in Seestaaten übliche grausame Galeerendienst und der sogenannte Türkendienst, beides Strafen, die an sich mehr eine verlangsamte Form der Hinrichtung als eine Freiheitsstrafe darstellten.

Aus alledem ist m. E. zu folgern, daß das eigentliche Strafmoment der Festungsstrafe nicht in der Entziehung der Freiheit, sondern in der erniedrigenden, vor den Augen des Publikums vollzogenen, qualvollen Arbeit beruht. Die Entziehung der Freiheit ist sekundär. Ohne den Delinquenten in Gefangenschaft zu halten, war es natürlich nicht möglich, ihm auf kurze oder lange Zeit die körperlichen Leiden aller Art zuzufügen [2]).

Bemerkenswert ist die Stellung der Literatur des 18. Jahrhunderts, die unsere Auffassung bestätigen dürfte [3]). Wenn bei den damaligen Schriftstellern auch noch keine völlige Gewißheit darüber herrscht, an welcher Stelle des Strafensystems die Festungsstrafe einzuordnen ist, so betonen sie doch alle, daß die Festungsstrafe „eine dem Leibe schmerzhafte" ist und demgemäß

---

[1]) Oben S. 57 ff.

[2]) Derselben Ansicht ist wohl neuerdings auch Freudenthal S. 845, der sich in seiner historischen Einleitung kurz gegen Kriegsmann wendet.

[3]) v. Reder (1783) S. 311; Riegger (1777) S. 22; Quistorp S. 120 u. S. 145. Im Auslande dachte man ebenso. So schreibt Manuel de Ladrizábal y Urige (1782) S. 211: „Por esto, por la privacion de libertad y por las incomodidades y molestias que indispensablemente se padecen en ella, puede contarse entre las penas corporales aflictivas, ...und zwar deberá reputarse por una de las mas graves."

zu den Leibesstrafen zu rechnen sei. In ihren Systemen wird sie daher auch regelmäßig in den von den Leibesstrafen handelnden Kapiteln erörtert. Das sekundäre Moment der Freiheitsentziehung kommt besonders bei Engelhard [1]) deutlich und charakteristisch in folgendem Passus zum Ausdruck:

> „Daß diese Strafen (sc. Galeeren- und Festungsstrafe) zugleich mit dem Verluste der Freiheit verknüpft seyen, ist sowohl aus der Erfahrung bekannt als es die Beschaffenheit der Sache selbst giebt. Denn es würde einer nicht lange bei einer so sauren Arbeit bleiben, wann er ungehindert davon gehen könnte. Sie können daher auch insoweit (!) mit zu den Strafen der Freiheit gerechnet werden."

Ich komme demgemäß zu folgendem Ergebnis: Die Festungsstrafe ist ihrem Wesen nach eine Leibesstrafe und nur ihrem äußeren Vollzuge nach eine Freiheitsstrafe gewesen. Infolgedessen kann ich Kriegsmann nicht darin beistimmen, daß in der Festungsstrafe zum ersten Male die Freiheitsentziehung in umfassendem Maße als Strafmittel nutzbar gemacht worden ist. Lehnen wir aber diese These ab, so entziehen wir damit der Kriegsmannschen Theorie überhaupt den Boden; denn damit entfällt auch der von Kriegsmann vermutete historische Zusammenhang von Festung und Zuchthaus. Können wir doch, wenn wir bestreiten, daß sich

> „in der Festungsstrafe die Ausbildung der Einsperrung zum Strafmittel vollzieht",

mit Kriegsmann auch nicht weiter folgern,

> „daß sich in der Maßregel des Zuchthauses die bloße Einsperrung zum Mittel erziehlicher Einwirkung wandelt".

So sehr verdienstvoll der Versuch Kriegsmanns gewesen ist, durch eine Erforschung des inneren Wesens von Festungs- und Zuchthausstrafe die Grundlagen unserer modernen Freiheitsstrafe zu ergründen, ich muß diesen Versuch in der Weise, wie ihn Kriegsmann durchgeführt hat, für gescheitert halten. Seine Theorie ist meines Erachtens abzulehnen.

---

[1]) Engelhard S. 158.

2. Das Verhältnis von Festung und Zuchthaus läßt sich aber auch auf anderem Wege klarstellen.

Wir haben bereits oben [1]) bemerkt, daß durch authentische Interpretation dem Begriffe operae publicae, der sich ursprünglich bloß auf die Festungsarbeit bezogen hat, auch die Zuchthausstrafe unterstellt worden ist. Es ist also zu prüfen, ob sich innere Beziehungen zwischen beiden Arten der Freiheitsstrafe auffinden lassen, die eine solche Unterwerfung beider unter einen gemeinsamen Oberbegriff innerlich rechtfertigen.

In der modernen Literatur finden wir keine nennenswerten Anhaltspunkte dafür. Man stellt die Freiheitsstrafen Zuchthaus, Arbeitshaus und Spinnhaus den „operae" gegenüber [2]) oder nennt das Zuchthaus eine Abart des opus publicum [3]). Eine Begründung dafür lassen aber beide Ansichten vermissen.

Das Wort „publicum" wurde zunächst ganz äußerlich aufgefaßt und sollte zum Ausdruck bringen, daß das opus vor den Augen aller Leute in der freien Öffentlichkeit verrichtet werden mußte [4]). Unter der absoluten Herrschaft des Abschreckungsgedankens hielt man es gerade für etwas sehr Lobenswertes, daß infolge einer condemnatio ad operas publicas

> „der Verbrecher dem allgemeinen Anschauen ausgestellet wird" [5]).

Nun kam die Zuchthausstrafe auf. Harte Arbeit wurde auch hier vom Sträfling verlangt. Aber ihre Verrichtung konnte nur in den geschlossenen Räumen der Anstalt erfolgen [6]). Daher forderte die herrschende Generalpräventionstheorie, daß auch dieses opus zu einem publicum gestaltet würde. Auf verschiedene Weise wurde dies versucht: Man ließ auf sogenannten Warnungs-

---

[1]) Oben S. 12.

[2]) Hegler S. 88; v. Bar S. 146.

[3]) So an einer Stelle Kriegsmann. Unklar v. Holtzendorff S. 411.

[4]) Vgl. Wahlberg S. 82.

[5]) Reder S. 311.

[6]) Dieser Gedanke scheint Richard Schmidt veranlaßt zu haben, in dem Zuchthause lediglich eine Konzentrierung von Gefängnis und opus publ. zu erblicken. Gegen ihn mit Recht v. Hippel in Ztschrft. 18 S. 650/1.

tafeln [1]) das Delikt und die Strafe dem Publikum mitteilen; man ließ an den Zuchthaussträflingen den Willkommen und Abschied öffentlich vollziehen und gestattete ungehinderte Besichtigung der Zuchthäuser unter Führung des Hausvaters [2]). Wächter [3]) verlangt häufigere Einführung von Arbeiten, die den Züchtling vor die Augen der Leute führen sollten, also Straßenreinigung u. dgl., wozu die Züchtlinge in Frankfurt a. O. ja auch tatsächlich herangezogen wurden [4]). Man sieht also, wie man sich bemüht hat, die Zwangsarbeit im Zuchthause ebenfalls zu einer öffentlichen zu gestalten. Und im Hinblick hierauf faßte man das Zuchthaus als eine Art oder eine Abart des opus publicum auf. Das Bindeglied zwischen der Festungsstrafe, dem opus publicum κατ' ἐξοχήν und der Zuchthausstrafe ist die Arbeit, die, wenn nicht in der Öffentlichkeit, so doch zum Nutzen der Allgemeinheit verrichtet werden mußte.

Diese Tatsache brachte es mit sich, daß das 18. Jahrhundert die Zuchthausstrafe der Festungsstrafe insofern gleichstellte, als es die Zuchthausstrafe mitunter ebenso wie die Festungsstrafe unter die Leibesstrafen rechnete [5]). Hierzu mag die offizielle Unterordnung der Zuchthausstrafe unter den Begriff der operae publicae [6]) und die allgemeine Unsicherheit, mit der man der neuen ungewöhnlichen Strafart gegenüber gestanden hat, wesentlich beigetragen haben.

Diese Unsicherheit in der richtigen Würdigung der Zuchthausstrafe ging aber nicht so weit, daß man nicht auch schon im 18. Jahrhundert den bedeutenden Unterschied zwischen den

---

[1]) Vgl. meine Abhandlung S. 34/5, bes. das dort in Anm. 3 zitierte Reskript vom 14. II. 1770.

[2]) Der Magdeburger Hausvater beschwert sich darüber, daß dies eine sehr zeitraubende Beschäftigung sei.

[3]) Wächter S. 58/9.

[4]) Vgl. oben S. 44.

[5]) R 49 A 1 G. i. C. 1737—44: 7. V. 1738; Cocceji ordnete unter diesem Datum an, „unterdeßen aber und damit die Spinnhäuser nicht überhäuft werden, auf andere (!) Leibesstrafen zu erkennen". Auch in den Lehrbüchern des 18. Jahrhunderts wird das Zuchthaus regelmäßig auch unter den Leibesstrafen kurz erwähnt.

[6]) Vgl. die Erörterungen oben S. 12 ff.

beiden Strafarten erkannt hätte. Nicht nur für die holländischen und hanseatischen Zuchthäuser gilt das Prinzip, daß die in ihnen geleistete Arbeit erzieherisch wirken sollte. Auch in Preußen war man von dem Grundsatz überzeugt. Abgesehen davon, daß in zahlreichen Annahmeersuchen, Reskripten, Kabinettsorders und Berichten ausdrücklich davon die Rede ist [1]), so geht dies ganz deutlich aus der Art und Weise hervor, wie die besseren Anstalten Preußens eingerichtet und geleitet wurden. Vor allem zeigt die Verwertung der Anstalten für straffällige Jugendliche deutlich, daß man, ungeachtet aller den Zuchthäusern anhaftenden Mängel, erzieherische Zwecke mit der Anstaltsarbeit und der Seelsorge zu erreichen suchte. Die Arbeit sollte grundsätzlich keine körperliche Qual sein; paßte man doch mitunter sogar die Kost der Arbeitsleistung an [2]). Wir hatten schließlich schon oben [3]) darauf hingewiesen, daß Verbrecher, deren Besserungsfähigkeit feststand, prinzipiell ins Zuchthaus geschickt wurden [4]) Friedrich der Große insbesondere dürfte sich bewußt gewesen sein, daß die spezialpräventive Besserung nur in den Zuchthäusern erreicht werden könnte [5]).

Daß in einer beträchtlichen Zahl von Zuchthäusern durch die tatsächlichen Zustände die Erreichung der angestrebten Ziele vereitelt wurde, darf uns nicht hindern, an dem prinzipiellen Gedanken festzuhalten, so wie wir ihn im vorstehenden entwickelt haben.

Kurz zusammengefaßt stellt sich das Ergebnis unserer Erörterungen folgendermaßen dar:

Die Festungsstrafe ist eine Art der Leibesstrafe in einer für die Gesamtheit nutzbringenden Form. Das Moment der Zwangsarbeit kehrt bei der Zuchthausstrafe wieder, aber in einer wesentlich veränderten Gestalt. Die schon in der Festungsstrafe vor-

[1]) Oben S. 19.

[2]) Oben S. 51/2.

[3]) Oben S. 18 ff. Vgl. auch meine Abhandlung S. 53 ff., insbesondere S. 55 Anm. 2.

[4]) Rosenfeld in Ztschr. 26 S. 2.

[5]) Vgl. darüber meine Abhandlung S. 57.

handende Nutzen schaffende produktive Arbeit soll hier erzieherisch wirken im Verein mit der Seelsorge und dem Unterricht. Dadurch aber, daß die Arbeit von dem Charakter einer Leibesqual befreit ist, wird der Charakter des Strafübels auf ein anderes in der Zuchthausstrafe enthaltenes Moment abgewälzt, nämlich auf die Freiheitsentziehung im weitesten Sinne des Wortes. Diese tritt damit aus ihrer sekundären Rolle heraus und wird das eigentliche Strafübel. Damit ist der Berührüngspunkt mit den Ideen unseres modernen Gefängniswesens erreicht.

Das 18. Jahrhundert hat dem 19. Jahrhundert als Erbschaft hinterlassen einmal die Pflicht, die letzten Spuren der Leibesstrafen und damit sobald als möglich die Festungsstrafe abzuschaffen [1]), andererseits die Aufgabe, mit Hilfe der im Zuchthauswesen des 18. Jahrhunderts gemachten trüben und guten Erfahrungen die Neuorganisation des Gefängniswesens durchzuführen. Unter dem Einflusse neuer Lehren aus dem Auslande ist dies allmählich geschehen auf der Grundlage, die das Zuchthauswesen des 18. Jahrhunderts geschaffen hat.

Anhang.

Urkunden aus der Geschichte des preußischen Zuchthauswesens.

Nr. 1.

Kgl. Geheimes Staatsarchiv. R 9 C 6 1: 15. Dez. 1687.
„Wegen eines Beitrages zu aufricht- und unterhaltung des Spandowischen Zucht- und Spinnhauses.“
„Friederich Wilhelm Churfürst pp....

....Wir geben Euch zu vernehmen, was maßen wir zu beförderung der Wollen- und Seyden-Manufacturen, auch zugleich zur Verbeßerung der bishero ermangelnden Spinnerey in unsern

[1]) Vgl. hierzu Kriegsmann S. 52 ff.

Churlanden ein Zuchthauß in der Stadt Spandow anrichten, auch alles liederliche, ledige und Bettelgesinde auftreiben, zur arbeit anhalten, den Müßiggang abschaffen, und die herumb laufende Jugend durchgehends zu erlernung der Spinnerey und Bey zunehmenden Jahren eines guten Handwerks anweisen zu laßen, aus Landesfürst- und Väterlicher Sorgfalt entschlossen, und Befehlen wir Euch demnach hiermit gndst., weilen nunmehro solches Zucht- und Spinnhauß mit nicht geringen Kosten zum Theil an- und eingerichtet, Euch solchem Edicto unterthst gemes zu überzeigen, alle leichtfertige ledige Weibes Persohnen auch das zur arbeit und in specie zur wollenweberey tüchtige Bettelgesinde durch Eure Diener und Bettelvögte auftreiben zu laßen, auch solche Bey Unserm Gouverneur und General-Lieutenanten dem von Schöning, welcher zu deren fortschaffung weitere Anstalt machen wirdt, anzumelden.

Undt gleich wie wir an Unserm hohen Ohrte nicht ermangeln werden, über daß Bereits angewandte zu weiter fortsetzung solches gemeinnützigen werks noch ferner einen milden Beytrag zu thun; Alß sind Wir auch des gnädigsten Vertrauens, es werden alle und iede Einwohner, als welche durch solch liederliches und Bettelgesinde bishero nicht wenig geärgert und incommodiret worden, zu desto beßerer erfüllung dieser unser Landes-Väterlichen und heylsamen intention und zu abführung der darzu, absonderlich beim anfange, erforderten schweren Kosten, auß christlicher und unterthster devotion, und zwarten ein iedweder nach seinem Vermögen ein erkleckliches Beytragen: Alß habet Ihr sonder Verliehrung einiger Zeit gewiße Ehrliche und wohlberuffene Persohnen darzu zu verordnen, auch dieselbe zu bedeuten, daß Sie in Unser Residentz Stadt Berlin nebst einem Diener von Hause zu Hause umbher gehen, nach allen darin befindlichen familien sich erkundigen, von Euch einen ermahnungs- und Beglaubigungsschein Vorzeigen, eine Collecte samblen, waß ein ieder giebet, in ein darzu verfertigtes Buch schreiben lassen und, wann Sie daß erhobene und in den Büchern verzeichnete Geldt bey Euch eingebracht, solches nebst denen Büchern bey unsern General-Kriegs-Commißariat gegen Quittung einzuschicken. Daran erfüllet Ihr unsere gndgst. Willensmeinung.

An den Magistrat der Residenz Stadt Berlin, imgleichen mutatis mutandis an den Magistrat in Cölln, Friedrichswerder und Dorotheenstadt.

Nr. 2.

Städtisches Archiv zu Magdeburg. I Z 33[1]: 3. Jan. 1715. Bericht des Bürgermeisters und Magistrats.

Im Zuchthause befinden sich 2 Männer und 8 Weiber, „welche zum Theil mit Raspeln des Bresilien Holtzes, anderwait Gewürzmahlen ihr Brodt verdienen müssen."

Nr. 3.

Städtisches Archiv zu Magdeburg. I Z 33[4]. Bericht des Magdeburger Hausvaters über die Tageseinteilung im dortigen Zuchthause.

„Meine als Zucht Vater tägliche Verrichtung.

1.

Wenn früh morgens ich Zuforderst den Thorschließer, ingleichem dem Haußknecht und dem Spinnmeister jeglichen seine Schlüssel zugestellet und darauf alle die Züchtlinge unter meiner Aufsicht Zwey zu gleich nach und nach auf den Hoff und wenn sie zurück, die Mannß Persohnen sowohl als die Weibs Persohnen absonderlich zusammen bringen laßen, halte ich mit den erstern und dann auch mit denen letztern die Betstunde so ohngefähr 3/4 stundten währet.

2.

Bringe ich die Raspler ans Raspeln und wiege ihnen das Holtz hinein, nach dem etliche an die Graupenmühle, etliche an das Wolle reißen und Grampeln wie auch Wollstreichen, etliche an das Wolle, Flachs und KärnWoll spinnen, Etliche ans Kameel Haar schneiten, etliche ans Flederschleißen, etliche ans nehen, etliche an die Knopftrehbank, und waß etwa sonst vor Arbeit mehr getrieben wird.

3.

Gehe ich herum bey alle Gefangenen und sehe ob alles in guten Stande sey, daß die Arbeit von statten gehet, unter währender Zeit kocht ihnen meine Frau zum Morgen Brodte eine Suppe, da laße ich 6 und 6 an eine Schüssel zusammen kommen, laße sie alsdann beten und essen, nachdem lasse ich denn durch den Zuchtknecht 2 und 2 auf den Hoff und wieder zurück führen.

4.

Gehe ich zum Hhrrn Secretario und bringe Ihm Nachricht, wenn etwas besonderes vorgefallen, welches keinen Aufschub leidet, oder kaufe ein, was zur Wirtschaft gehöret, item Brennholtz, instrumenta und dergleichen, hernach bekommen sie daß Mitages Brod, da ich dann wieder 2 und 2 durch den Zuchtknecht auf den Hoff führen laße, nachmittags aber kommt der Herr Secretarius gemeiniglich hinauf, und siehet nach, daß alles gut in der Ordnung bleibet.

5.

Ferner gehe ich bey die Kaufleuthe, Strumpfstricker und meistens bey Herrn Jeremias Schultzen, bey die Zeuchwürcker, und wo ich gedenke vor die Züchtlinge Arbeit zu bekommen, daß sie nicht feyern dürfen, es laßen sich auch dann und wann Leuthe herrum führen, womit man auch Zeit verlieret.

6.

Gegen Abent lasse ich wiederum die Gefangenen durch den Zuchtknecht 2 und 2 auf den Hoff und wieder zurück führen.

7.

Wenn die Züchtl: feyer Abent haben, dann gehe ich mit den Zucht-knecht bey die Raspler und wiege waß ein jeglicher gearbeitet hat, als dan an die Mühle waß da verfertiget worden ist.

8.

Darnach gehe ich mit den Spinnmeister auf die Wollstuben, und wiege waß ein jeglicher Wolle gerißen, gegrampelt, gestrichen und an Garn gesponnen hat, alsdann wie viel Flachs wie viel klare KärnWolle, wie viel Knöpfe getrehet, Federn geschlißen, Kameelhaar geschnitten und waß sie sonst den Tag über verfertiget haben, wobey ich auf alles genau achtung gebe und bringes alsdann täglich in die Rechnung, danach bekommen sie die Abendkost.

9.

Laße ich sie wieder zusammenkommen in die Betstunde die währet wieder 1/2 gute Stundte die ich mit ihnen halte, alsdann laße ich sie wiederum in die Köter verschließen, und wenn sie denn nun verwahret sind, so gehe ich denn in den gantzen Hause an alle Thüren und sehe ob alles wohl verschloßen ist und ruffe die Züchtl: bey Nahmen, ob jeder an seinen gehörigen Orth ist, und laße mir von den Thorschließer, Zuchtknecht und Spinnmeister die Schlüssel wiedergeben.

10.

Was den Sontag anbelanget, gebe ich jeglichen Züchtl: sein weiß Hembde, als den kommt der Küster und hält mit ihnen Betstundte, nachdem werden sie in die Kirche geführet und wenn sie wieder herraus kommen, so bekommen sie Brodt, zugemüß und Fleisch, alsdenn werden sie auf den Abtrit gelaßen, nachdem wieder in die Kirche, wenn denn die Nachmittags Kirche aus ist, so werden die Züchtl: ein wenig auf den Hoff geführet, daß sie ein wenig frische Luft schöpfen. Nachdem bekommen sie ihre Abentkost und laße sie wieder zusammen kommen in die Betstundte, und frage ein jedes insbesondere, was es gemercket hat aus der Predigt, nachdem laße ich sie wieder an gehörigen Orth bringen und fisitire wie ich alle Abent thue, so ist der Sonntag auch vollbracht."

Nr. 4.

Kgl. Geh. Staatsarchiv Berlin: R 9 C 6 c 1: 22. I. 1729. Annahme und Entlassung der Züchtlinge.

„Es muß der Commißarius Pertsch keinen in dem Arbeitshause annehmen, er werde geliefert woher er wolle, er habe denn dazu Königl. ordre oder von denen Directoribus beglaubigten Schein. Wie er dann auch niemanden anders als auf dergl. Königl. oder gemeldten Directoris schriftliche ordre, bey Vermeidung scharffer Verantworttung erlaßen muß."

Nr. 5.

Städtisches Archiv zu Magdeburg: I Z 33 5 Bl. 185. Schreiben des Magdeburger Hausvaters über die Bekleidungsfrage.

„Wohl Edler Hoch und Wohl gelahrter Herr Doctor.

Es ist Maria Katharina Becherin, welche von denen Hn. der allmoßen Cassa anhero gebracht worden, in solchen schlechten Zustande Vors erste daß sie ihr Broth seidt der Zeit sie allhier gewehsen nicht verdienet, auch ist sie nacket und voller ungeZiver daß sie sich nicht kann reinigen sie brauchet alles waß ein Mensch zur Bedeckung seines Leibes brauchet, alß Schue Strümpfe Rock und wams hembten und Schirtzen auch Mitzen welches den Zuchthause schwehr fallen dirfte, solches alles ihr zu schaffen, dieses habe ihrer hochedlen Melden wollen. Magdeburg den 9. Febr. 1728.

Krenckel hauß
vater im Zucht-
hause."

Nr. 6.

Städtisches Archiv zu Magdeburg: I Z 33 [6] Bl. 91. „Specification waß? in den Zuchthause an Leinen gereth und Büchern Matratzen noch vorhanden wie folget den 26. Mart. 1728.

Erstlich an Weibß hemden Neue .... 10 stick
dito alte aber noch Brauch Bahr .... 1 Dutzend 9 stick
Mannes hemden alte .... 1 Dutzend
Auch ist noch vorhanden Flachsen Leinwandt 64 Ellen so noch soll gebleichet werden vor die Züchtlinge zum hemde.
Auch ist noch 6 Ellen garn vorhanden in Fohrath.

An Büchern ist vorhanden Eine Große Bübel ...... 1 stick
benebst einer großen Bostille .... 1 stick
kleine Bübeln .... 6 stick
gesang Bücher .... 33 stick
Testa Menter .... 20 stick
Kattechißmus .... 16 stick
An Matratzen Neue so vor erst gemacht worden .. 16 stick
alte so noch gut sein .... 15 stick
dito so nicht gut sein und fast unbrauchbahr .... 11 stick
An Raspeln sindt vorhanden .... 10 stick
An Kotten (?) zum Raspeln .... 8 stick.

Nr. 7.

Städtisches Archiv zu Magdeburg: I Z 33 5 Bl. 175.

Ein Annahmeersuchen.

„Hochwohlgebohrene, Hoch Edle, Veste und Hochgelahrte auch Hochweise, besonders Hochgeehrte Herren.

Wir haben einen boßhaftigen Einwohner in Unsere Dorffe Klein Liebst, nahmens Christoph Sickert zu Zwo Monathlicher Zucht-Hauß-Arbeit Verschiedener groben exceße und Verbrechen wegen condemniret in der Hoffnung, daß diese wohlverdiente Straffe ihme zu künfftiger guten Beßerung dienen werde, Ew. Hochwohlgeb: und Hoch Edl: ersuchen wir also dienstlich genannten Sickert, welcher auf unsere requisition durch ein Commando abgehohlet und auf der Hauptwache in arrest sitzet, abhohlen und auf dero Zucht Hauß bringen zu laßen, Wir werden bey jeder Gelegenheit nicht ermangeln zu zeigen wie gerne wir seyn Ew. Hochwohlgeb. Hoch Edl. und Hochweisen

Dienstwilligste Thesaurarius Senior und Capitul Gemeinte des Collegial Stifts Sti Gangolphi alhier. Magdeburg den 10ten Jan. 1728.

Nr. 8.

Städtisches Archiv zu Magdeburg: I Z 33 8 Bl. 1.

K.O. vom 19. Dezember 1729.

Der König ordnet an, daß Matthias Bratenahls, der im Zuchthause während seiner Strafhaft gestohlen hat, noch weiter im Zuchthause bleiben soll

„biß zur versicherten Probe von deßelben Lebens Beßerung".

Nr. 9.

Kgl. Geh. Staatsarchiv zu Berlin: R 9 C 6 c 1.

Speisenreglement in Spandau.

„Wie die Gefangenen Manns- und Weibes-Personen wöchentlich à 7 ggr gespeiset werden sollen.

Täglich auf die Person à 2 Quart Bier, die Tonne à 1 Schffl 4 Metzen Maltz angeschlagen, Zwey Kuhlen Brod. Das Bier muß allemahl in vollen Maß geliefert werden. Zwey Kuhlen Brod müßen wiegen 44 Loht.

Des Sonntags Kohl, und auf eine jede Person ein halb Pfund Rindfleisch.

Des Montags Weitzen Mehlbrey.

Des Dienstags Erbsen.

Des Mittwochs Graupen.

Des Donnerstags Grütze.

Des Freytags Erbsen.

Des Sonnabends Biersuppe oder Weitzen Mehlbrey."

Nr. 10.

Kgl. Geh. Staatsarchiv zu Berlin: R 49 A 1 G. i. C. 1737—44. n. 18.

Anfrage der Mindenschen Regierung (1738), was für Leibesstrafen an Stelle der Spinnhausstrafe verhängt werden sollen (im Rheinland gab es keine Zuchthäuser!). Die Verlegenheit ist besonders groß, da schon Friedrich Wilhelm den Staupenschlag eingeschränkt hatte,

„allermaßen Eure Königliche Majestät nicht nur dadurch Untertanen verlieren, sondern auch der finis primarius poenarum scilicet sontium emendatio nicht erreichet, vielmehr die Malefitz-Persohnen schlimmer gemacht und fast gezwungen werden, sich aufs Rauben und Stehlen in anderer Herrschafften Landen, denen dergleichen Canaille zugewiesen wird, zu legen, die Straffe des Prangers als zu gelinde kein Surrogatum des Spinnhauses sein kann, und bei denen Gefängnis-Strafen allhier zu bedenken, daß die Gefängnisse nicht so beschaffen seyn, gestalten die Inquisiten darin ihren Unterhalt selber wie in Spinnhäusern verdienen können, mithin das aerarium mit denen Atzungs-Kosten noch mehr beschweret werden wird."

Nr. 11.

Kgl. Geh. Staatsarchiv zu Berlin: R 49 A 1 G. i. C. 1737 bis 1744: n. 18. d. 7. May 1738.

Die Zuchthausumfrage Friedrich Wilhelms I. wird durch folgenden Befehl eingeleitet:

„Friedrich Wilhelm König etc.... Unsern...

Wir Wollen ohnverzüglich informiret seyn,

1) Wie viel Spinn- Zucht- und Arbeitshäuser in jeder Provintz und in jeder Stadt unserer sämtlichen Lande vorhanden?

2) Ob promiscue alle Delinquenten darinn aufgenommen werden?

3) Was vor Fonds dazu destiniret seyn?

4) Ob vor die Annehmung etwas bezahlet werden müße?

5) Ob wir eine Confirmation darüber ertheilet haben?

und befehlen Euch dahero hierdurch in Gnaden, über vorstehende 5 Punkte, soviel Eure Provintz und die dazu gehörige Städte betrifft, fördersamst und ausführlich alleruthgst zu berichten."

Nr. 12.

Städtisches Archiv zu Magdeburg: I Z 33 5: 1727.

Der Etat des Magdeb. Zuchthauses im Jahre 1727.

Woche	Arbeitsverdienst			Unterstützung vom Almosenamt			Klingelbeutel			Sammelbüchse			Summe der Einnahmen			Ausgaben für Essen und Trinken			Bilanz			
	Thr.	Sgr.	₰	Thr.	Sgr.	₰	Thr.	Sgr.	₰	Thr.	Sgr.	₰	Thr.	Sgr.	₰	Thr.	Sgr.	₰	+ od. —	Thr.	Sgr.	₰
1	6	6	11	—	10	6	—	—	—	1	18	7	8	12	—	8	22	2½	—	(—)	10	2½
2	8	4	8	—	10	9	—	—	—	2	17	10	11	9	3	9	10	2	+	1	23	1
3	9	15	3	—	14.	6	—	—	—	—	16	11	10	22	8	10	17	8½	+		4	11½
4	9	18	5	—	14	—	—	—	—	—	21	7	11	6	—	9	8	3	+	1	21	9
5	8	18	10½	—	16	3	—	—	—	1	3	3	10	14	4½	8	18	10½	+	1	19	6
6	7	9	9	—	10	6	—	17	8	—	9	—	8	22	11	7	15	11	+	1	7	—
7	6	19	1	—	12	—	—	20	—	—	18	8	8	21	9	7	13	4	+	1	8	5
8	6	5	10½	—	12	—	—	20	—	—	10	6	8	—	4½	8	1	10½	—	(—)	1	6
9	8	20	10½	—	7	—	1	1	—	—	—	—	10	4	10½	7	21	6½	+	2	7	4
10	7	12	4	—	8	—	1	5	—	—	21	3	9	22	7	7	21	2	+	2	1	5
11	8	20	2	—	4	6	—	14	7	—	10	7	10	1	10	7	20	1	+	2	5	9
12	11	14	2	—	3	—	—	20	2	—	10	1	12	23	5	7	7	2	+	5	16	3
13	6	5	10	—	7	—	1	1	10	—	13	9	8	4	3	7	5	5½	+		22	11½
14	10	—	9½	—	4	6	—	16	9	—	12	2	11	10	2½	8	2	8½	+	3	7	6
15	7	13	11	—	7	—	2	10	3	2	—	—	12	7	2	8	18	4½	+	3	12	9½
16	7	10	½	—	8	—	—	22	7	—	9	6	9	2	1½	9	5	4½	—	(—)	3	3
17	7	8	½	—	10	6	—	21	—	1	12	1	10	3	7½	10	2	10½	+	(—)	(—)	9
18	11	7	11	—	10	6	—	16	—	—	7	3	12	17	8	9	21	10	+	2	19	10
19	9	4	10	—	8	3	—	15	8	1	—	—	11	4	9	9	19	8½	+	1	9	½
20	8	17	7½	—	7	—	—	13	11	—	17.	1	10	7	7½	9	19	11½	+		11	8
21	8	9	3	—	7	—	1	—	5	—	10	5	10	3	1	9	20	—	+		7	1
22	9	9	1½	—	7	—	—	15	—	—	8	2	10	15	3½	10	5	—	+		10	3½
23	3	18	8	—	7	—	2	11	9	2	6	4	8	19	9	10	11	2½	—	1	15	5½
24	9	23	—	—	7	—	—	17	—	0	13	1	11	12	1	10	20	9½	+	(—)	15	3½

Woche	Arbeitsverdienst			Unterstützung vom Almosenamt			Klingelbeutel			Sammelbüchse			Summe der Einnahmen			Ausgaben für Essen und Trinken			Bilanz			
	Thr.	Sgr.	₰	Thr.	Sgr.	₰	Thr.	Sgr.	₰	Thr.	Sgr.	₰	Thr.	Sgr.	₰	Thr.	Sgr.	₰	+ od. —	Thr.	Sgr.	₰
25	7	23	9	—	10	6	—	20	1	2	2	11	11	9	3	12	3	2	—	(—)	17	11
26	10	9	10½	—	7	—	1	2	11	—	16	4	12	12	1½	11	8	8	+	1	3	5½
27	9	22	7½	—	10	6	1	4	—	—	23	2	12	12	3½	11	23	6	+	(—)	12	9½
28	12	6	—	—	10	6	—	23	10	1	—	—	14	16	4	12	6	—	+	2	10	4
29	8	14	4	—	9	—	1	1	3	—	17	—	10	17	7	11	18	2½	—	1	—	7½
30	10	16	3	—	12	—	3	—	—	3	17	—	17	21	3	11	15	5	+	6	5	10
31	13	22	—	—	14	—	—	21	6	—	9	8	15	19	2	12	22	4	+	2	20	10
32	13	9	4	—	9	3	—	23	3	—	10	9	15	4	7	12	22	4	+	2	6	3
33	11	23	10	—	10	6	2	2	3	5	4	3	19	16	10	12	9	5	+	7	7	5
34	10	15	8½	—	7	—	1	10	11	1	17	—	14	2	7½	11	21	8½	+	2	4	11
35	14	2	8½	—	7	—	1	14	8	3	2	5	19	2	9½	14	9	8½	+	4	17	1
36	14	8	—	—	7	—	5	4	—	2	9	5	22	4	5	13	12	7½	+	8	15	9½
37	17	—	2	—	7	—	—	18	5	—	9	2	18	10	9	12	19	11	+	5	14	10
38	14	—	3	—	7	—	—	15	4	—	3	9	15	2	4	13	3	—	+	1	23	4
39	9	11	3	—	4	—	—	10	11	—	5	3	10	7	5	13	4	3	—	2	20	10
40	6	22	10½	—	3	6	1	2	11	—	19	7	9	—	10½	12	4	4½	—	3	3	6
41	10	21	9	—	7	—	—	9	—	—	7	3	11	21	—	11	21	2	—	(—)	(—)	2
42	14	12	6	—	7	—	—	16	4	—	8	—	15	19	10	11	18	6	+	4	1	4
43	11	10	—	—	5	—	—	16	3	1	3	2	13	10	5	10	18	6	+	2	15	11
44	11	2	6	—	7	—	—	16	4	—	6	4	12	8	2	10	14	3½	+	1	17	10½
45	13	5	4	—	6	—	—	18	11	—	11	—	14	17	3	10	19	4	+	3	21	11
46	12	19	—	—	7	—	—	15	7	—	9	2	14	2	9	11	9	—	+	2	17	9
47	12	16	3½	—	7	—	—	18	2	—	5	—	13	22	5½	11	4	3½	+	2	18	2
48	11	20	—	—	7	—	—	18	—	—	7	—	13	4	—	11	2	—	+	2	2	—
49	9	5	6	—	7	—	1	16	3	2	—	1	13	4	10	11	2	—	+	2	2	10
50	12	21	4	—	7	—	—	22	—	—	11	6	14	13	10	11	13	2	+	3	—	8
51	12	19	—	—	7	—	—	11	11	—	4	1	13	18	—	11	15	11½	+	2	2	½
52	8	5	11½	—	7	—	2	23	4	1	10	6	12	22	9½	10	10	10½	+	2	11	11

Die Schlußberechnung ergibt folgende Zahlen:

1. Einnahmen:

a) Summe des Arbeitsverdienstes	526 Thr.	15 Sgr.	6½ ₰
b) Summe der Almosenunterstützung	17 „	22 „	6 „
c) Summe der Klingelbeutel-Einnahmen....	53 „	14 „	11 „
d) Summe aus der Sammelbüchse.........	52 „	14 „	10 „
Summe aller Einnahmen:	650 Thr.	19 Sgr.	9½ ₰.

2. Ausgaben an Essen und Trinken	550 Thr.	13 Sgr.	3½ ₰
Bleibt Überschuß:	100 Thr.	6 Sgr.	6 ₰

Nr. 13.

Kgl. Geh. Staatsarchiv zu Berlin: R 9 C 6 c 1: Acta de 1769 ff.

Der Küstriner Zuchthauskontrakt vom 5./30. I. 1750.

„Kund und zu wißen sey hiermit, nachdem von Einer Hochpreißl: Cammer allhier mir dem Burgemeister Kirchheim, den 27ten Septbr. a. pr. gnädigste Ordre ertheilet, mit den Fabricanten Tobias Friederich Schielen einen Contract wegen Übernehmung des hiesigen Arbeitshauses auf diejenigen Conditiones wie es der Funcke vor ihm inne gehabt, auf 12 Jahre zu schließen, solche Ordre auch, nachdem den 2 Octobr. a. c. zwischen gedachten Schielen und deßen Schwieger Vater Herrn Funcken wegen völliger Überlaßung des Arbeits-Hauses ein gütlicher Vergleich getroffen, vermöge Verordnung vom 9. ej. m. dahin renoviret worden, daß solcher Contract bey vorgedachter Hochpreißlichen Cammer zu Approbation einzusenden sey, so ist zwar dieser gnädigsten Ordre vom 2. Novembr. pr. gehörig befolget, mir aber den 6. ej. m. de novo aufgegeben worden, daß solches Projekt in gewißen Punkten abgeändert werden solle, welches denn auch nunmehro geschehen ist.

1.

Übergiebet eine Hochpreißl. Cammer durch mich den p. Kirchheim das in der Schantze belegene Arbeits-Hauß dem vorgedachten Tobias Friederich Schielen als Arbeits-Hauß-Meister und Fabricanten, auf zwölf nach einander folgende Jahren, als von Michael 1749 bis dahin 1761 benebst dem Zubehör und denen Inventarien Stücken, davon ihm ein völliges Inventarium von mir und denen beyden Hospital-Vorstehern alhier übergeben werden soll, dergestalt daß er solches alles zu seinen Nutzen und Zeug-Frabrique die Zeit seiner Mieths-Jahre, jedoch wie einen guten Wirth zustehet, gebrauchen möge.

2.

Übergiebet ihm E. Hochpreißl. Cammer die darin sitzende und von Zeit zu Zeit darin ankommende Delinquenten zu seinem Gebrauch und Handthierung, jedoch daß er Inhalts des Arbeits Haus-Reglements vom 3ten Mart. 1729 mit ihnen gebührlich verfahren und sich überall nach denselben sich hierunter richte und ihnen das Gespinste und zwar jede Strehne von 4 Ellen langen Berlinischen Haspel mit 8 Gr bezahlen, von den 9ten Gr aber, da sonst in der Stadt so viel gegeben wird, ihnen das Saltz und den Covent liefern.

3.

Und damit sie zu ihrer Beköstigung die Victualien und Brod vor ihr Geld richtig bekommen, hält Er jemanden auf seine Kosten, der ihnen solche einhole und überbringe, gibt ihnen auch die nöthige Feuerung und Töpfe dazu.

4.

bezahlt er denen Züchtlingen das Gespinste entweder voraus oder sogleich als sie es verfertiget und abgeliefert haben, damit sie ihren Unterhalt davon nehmen und verkaufen können.

5.

Wenn die Züchtlinge wegen ihres begangenen Verbrechen gezüchtiget werden sollen, muß solches moderat geschehen, damit sie nicht zum Spinnen untüchtig gemacht, allenfalls muß, wenn das Verbrechen groß, dem Inspectori solches zuvor angezeiget, von diesen ein Protocoll gehalten und befundenen Umständen nach a Camera illustri Resolution darüber eingeholet werden.

6.

Wenn Inhalts Reglements § 25 eine Person ins Arbeits-Hauß gebracht wird, so sie anders des Vermögens sind, muß sie oder der sie setzen läßet den Zuchtmeister 8 gr Einschreibe- und 4 gr Zuchtmeister-Geld geben. Dahingegen er ein richtiges Buch halten, und nach denen Annehmungszetteln, so ihm jedesmahl vom Inspectore ertheilet werden, darunter nachstehende Rubriquen verzeichnet

1. der Nahmen der Delinquentin.
2. der Tag und Jahr wann ehr solche anhero gebracht wird.
3. auf weßen Ordre und aus welcher Art sie ankommt.
4. wie die Person gestaltet und gekleidet ist.
5. was ihr Verbrechen sey.

6. wie lange sie zur Strafe condemnirt.
7. wenn ehr sie wieder dimittirt worden.
8. oder wenn ehr sie gestorben sey.

Damit beym nachfragen, oder besonders Desertionen zu Ausfertigung der Steck-Briefe sogleich die nöthige Nachricht daraus genommen und die Regierung oder der Magistrat solche angezeiget werden können; hat hiernächst auch von diesen Zucht-Geldern so lange kein eigener Zucht-Meister gehalten wird, den Provoß aus dem Stadt-Hause oder den hiesigen Gerichts-Knecht vor die ihm aufgegebene Züchtigung einer Person 1 bis 2 gr zu bezahlen.

7.

Wenn von denen Züchtlingen, welche krank geworden und außer Stand sich befinden, mehr mit Spinnen ihr Brod zu verdienen, giebt er dem Bader Rappoldt davon Nachricht, damit die Cur der kranken Person durch diesen besorget werde, und wäre es, daß die Person über 3 Tage krank liege, so hat er derselben in der Kranckheit die nöthige Alimentation zu reichen, es muß aber dergleichen Persohnen, wenn sie ihre bestimmte Zeit außgeseßen, sich wegen der vorgeschoßenen Alimenten mit dem Arbeits-Haußmeister auf ein billiges zu vergleichen oder bey ihrer eigenen Persohn den Vorschuß abzuspinnen suchen.

8.

Sind aber Persohnen, so auf Zeitlebens condemnirt, und vor sich nichts haben oder in der Kranckheit verstorben, muß er den gethanen Vorschuß schwinden lassen, weilen die 50 Thr aus der Ober-Steuer-Caße, so zu diesem und andern gemeinen Behuf des Arbeits-Hauses von Sr. Königl. Majst. allergnädigst accordiret worden, ihm auf Ordre einer Hochpreißlichen p. Cammer jährlich zu seiner Disposition zugebilligt werden, die Beerdigung aber der verstorbenen Züchtlinge soll das hiesige Gouvernement vi Rescripti vom 14. May 1725 gleich denen im Stockhause sitzenden, von nun an über sich nehmen.

9.

Desgleichen trägt er von diesen ihm zugebilligten 50 Rthlr

die Bekleidung derer gantz abgerißenen Züchtlinge zu mahl wenn solche selbst hiezu nichts im Vermögen haben und auf lange Jahre oder gar auf ihre Lebens-Zeit condemniret seyn, und zu ihrer Reinigung und Bedeckung sich selbst nichts an schaffen können.

10.

Wie nicht weniger unterhält er die Madratzen und Decken vor die Züchtlinge, so ihm jetzt neu angefertiget und im Inventario verzeichnet werden sollen, liefert auch bei seinem Abzuge in dem Stande nach der Länge und Breite wieder ab, jedoch sind die Züchtlinge schuldig des Abends nach vollbrachter Arbeit von 9 bis 10 Uhr, wenn solche schadhaft werden, zu beßern und zu stopfen, wozu der Arbeits-Hauß-Meister die Wolle und Zwirn sodann hergiebet.

11.

Auch zahlet er von diesen 50 Rthr dem Inspectori des Arbeits-Hauses jährlich gegen seine Quittung 4 Rthr und machet Michael a. c. damit den Anfang.

12.

Die Desertiones der Züchtlinge suchet er möglichst zu verhüten und ist desfalls besorget, daß sie stets wohl eingeschloßen und in Verwahrung gehalten werden, wobey ihm die Wache in der Schantze der Anordnung gemäß stets secundiret und solche des Nachts hindurch wohl bewahret.

13.

Die Hauß-Reparatur, was darinn an Schwellen, Fenstern, Fenster-Flügel p. verfaulet, behält das Hospital nach wie vor über sich, imgleichen auch, wenn die Kachel-Ofen neu umgesetzet werden müssen, allein die kleinen Reparaturen an den Fenster-Scheiben, Thüren und Schlößern item die jährliche Ausschmierung derer Öfen übernimmt der Arbeits-Haußmeister Schiele wie seine Vorfahren, liefert auch bei seynem Abzuge das Haus dergestalt wieder ab, imgleichen die Utensilien an Spinn-Räder, Haspel, Woll-Winde, Spuhl-Räder p, als welche alle ihm zuvörderst im gehörigen Stande gesetzet, und im Inventario verzeichnet werden sollen.

14.

Läßet er den Catecheten Schmieden, welcher die Züchtlinge zum Christenthum und Gebeth zu Gott anweiset, zur Wohnung und Gottesdienst die Stube und 2 Cammern lincker Hand des Eingangs im Hause vorne raus, überläßet ihm auch von denen 50 Klafftern destinirten Holtzes zum Arbeits-Hause 10 Klf. und eine Holz-Stelle darzu auf dem Hof, welches Holz ihm auch die Züchtlinge, wenn es ankommt, eintragen müssen.

15.

Giebet er stets auf Feuer und Licht Obacht, daß weder durch Verwahrlosung der Züchtlinge noch durch seine eigenen Leute kein Schaden geschehe, sonst er dafür responsabel bleibet.

16.

Alles nun, was zur Aufnahme der Zeug-Fabrique und zur Ordnung des Arbeits-Hauses sonst beytragen kann, muß er sich stets möglich angelegen seyn laßen, und hat dagegen

17.

nicht nur des Schutzes und der Unterstützung einer Hochpreißl: Cammer sich zu erfreuen, sondern er genießet auch während denen 12 Mieths-Jahren dieses Arbeits-Hauses gantz frey ohne Hauß-Miethe, ist von Servis, Einquartierung und allen bürgerlichen Oneribus, sie haben Nahmen wie sie wollen, befreyet, und bekömmet überdem zu besserer Wahrnehmung des Hauses und Fabrique aus 20 Cämmereyen Neumärkischer Städte jährlich 50 Rthr davon ihm eine Specification woher er solche zu erheben eingehändigt werden soll, und weil diese Einhebung sonst von Trinitatis zu Trinitatis gehet, hat er auf dies Jahr an seinen Schwieger-Vater Funcke wegen des verwichenen Crucis-Quartale 12 Rthr 12 gr noch zu genießen behält, ihm solches abzugeben, das übrige aber an sich zu erheben, auch die zum Arbeits-Hause destinirte 40 Klafter Holtz, so ihm bis ans Bollwerk abgeliefert werden, nach sich zu nehmen, wie ihm denn hienächst Eine Hochpreißl. Cammer die 50 Rthr, so bey der Königlichen Ober-Steuer Caße zum Behuf des Arbeits-Hauses ausgesetzet zu sein jährlich zu seiner Disposition ebenfalls gnädigst accordiret hat, wogegen er aber was schon §—8—17 festgesetzet worden, besorget.

Und wie nun allen diesen Puncten und Clausuln dieses Contracts prompt und gehörig befolget und solcher von mir und dem Arbeitshaußmeister Schielen unterschrieben, auch bey einer Hochpreißlichen Cammer zur Approbat: übergeben werden soll, so entsaget sich hierdurch der p. Schiele aller Ausflüchte in genere et specie insbesonders anders niedergeschriebenen als verabredeten Contracts, listiger Überredung, nicht genugsam eingesehener und verstandener Sache, und der General-Rechts-Regul, daß kein Verzicht nicht gelte, wo nicht jedes besonders berührt worden, alles getreulich, sonder Gefährde

Uhrkundlich unterm Dato Cüstrin d. 5. Januarii 1750

(gez.) Kirchheim

(gez.) Tobias Friederich Schiele.

Vorstehender zwischen dem Bürgermeister Kirchheim als Arbeits-Haus-Inspector und dem Arbeits-Hauß-Meister und Zeug-Fabricanten Tobias Friederich Schielen geschlossener Contract wird hierdurch in allen seinen Puncten und Clausuln approbiret, wohl confirmiret; so geschehen Cüstrin, den 30. Januarii 1750.

Königliche Preuß. Neumärkische Krieges- und Domainen Cammer.

(gez.) von Loeben, von Birckholtz, von Laurentz, von Schöning, von Sydow.

Nr. 14.

Städtisches Archiv zu Magdeburg: I Z 33 5 Bl. 119. Im Jahre 1727 hat die Juristenfakultät zu Halle ein neunjähriges Mädchen wegen Diebstahls zu einer Zuchthausstrafe von einem Jahre verurteilt. Auf das Annahmeersuchen hin verfügt der Bürgermeister:

„Respondeatur, daß die Delinquentin aufgenommen werden solle, doch wird E. Hochw. Dohmkapitul sich nicht entbrechen, die im Königl. reglement ad extraordinaria determinirte 2 Rthr 12 gr. bey der reception zu erlegen und wann sie allenfalls die

Kost zu verdienen unfähig die nöthigen Nachschüsse Inhalts Königl. reglements zu thun, weilen auch die Königl. Ämter dergl. thun müßen.

Sign. Magd. d. 1. Okt. 1727.

Kinderling Consul."

Nr. 15.

Königl. Geh. Staatsarchiv zu Berlin: R 49 A 1 G. i. C. 1760—74: Aus dem Gutachten des Stadtrichters Schmidt:

„.......Soll das Zuchthaus nicht allein ein Straf-, sondern auch ein Beßerungs Ort seyn, so wird auf die Art der Arbeit sehr reflechiret werden müßen....." Die Kost soll bei jungen Dieben schlecht sein und nur zur Erhaltung des Lebens hinreichen, „damit sie desto eher in sich gehen und das ihnen vorher aus der Liebe ihrer Eltern zugefloßene Gute desto mehr zu erkennen und zu schäzen, sich auch der zeitlichen Güter um so viel behutsamer und mäßiger künftighin zu bedienen lernen."

FSC
www.fsc.org
MIX
Papier | Fördert
gute Waldnutzung
FSC® C083411

Kolibri 360 GmbH
Ferdinand-Jühlke-Straße 7
99095 Erfurt, Deutschland
produktsicherheit@kolibri360.de